한 권으로 끝내는
서울 아파트
투자지도

한 권으로 끝내는

서울 아파트 투자지도

김인만 지음

돈 되는
서울 아파트
제대로
고르는 법

그래도, 아직은 서울 아파트!
무조건 성공하는 서울 아파트 투자의 기술

원앤원북스

반드시 오르는 아파트를 선점하라

서울 부동산 시장의 열기가 꺾이지 않고 있다. 하지만 영원히 상승만 할 수는 없는 일이다. 그렇기에 사람들은 상승장 속에서 불안해하고 있다. 집값이 오를 때는 영원히 상승할 것 같아서 집을 못 산다. 하지만 막상 조정이 되면 더 불안해하고 주저하게 된다. 이것이 아파트 시장의 현실이다.

장기적으로 보면 아파트 가격은 인플레이션에 따른 화폐가치 하락과 지가(地價) 상승 때문에 오른다. 서울 등 도심 지역의 아파트는 상대적으로 투자가 쉽다고 하지만, 막상 투자를 해보면 쉽지 않다.

수요는 구매 능력과 구매 욕구에 의해 결정된다. 보유하고 있는 자금에 맞춰서, 자금이 부족하면 대출을 받거나 전세를 끼고서 주택을 구매한다. 그런데 구매 능력이 있어도 사고 싶은 마음, 즉 구매 욕구가 없으면 사지 않는다.

상가, 빌딩 등과 같은 부동산은 필요로 하는 사람이 능력에 맞춰서 구입을 한다. 반면에 사람들은 아파트를 거주와 교육 등의 이유 때문에 필요에 의해서 구입하지만 '지금 사지 않으면 안 될 것 같은' 불안감과 돈을 더 벌기 위해 무리를 해서라도 구입한다. 아파트는 필요에 의한 논리뿐만 아니라 '원해서' 구입하는 심리가 적용되어서 예측이 어렵다. 또한 잘못된 판단을 하는 경우가 많다. 그래서 아파트의 4가지 가치인 시장가치·현재가치·미래가치·내재가치가 있는 아파트를 골라야 한다. 필자는 4가지 가치가 있는 지역과 그 지역의 주요 아파트를 알려주고자 이 책을 쓰게 되었다.

1부에서는 아파트 시장의 분위기와 흐름인 시장가치와 입지, 교육, 학군, 세대 수 등 아파트의 현재가치가 좋은 강남 반포, 대치, 압구정, 개포, 삼성동과 잠실, 여의도, 용산, 목동 지역에 대해 알아보고 주요 아파트들을 소개한다.

2부에서는 떠오르는 서울의 신흥 부촌을 소개한다. 용산 한남과 고급 부촌인 성수, 마포, 옥수·금호, 강동 고덕과 둔촌, 흑석과 노량진, 상암, 마곡, 영등포 신길까지, 최근 10년간 우뚝 선 신흥 부촌

지역과 해당 지역의 아파트를 살펴본다.

　3부에서는 지금보다 앞으로가 더 기대되는 미래가치가 높은 지역을 소개한다. 송파와 거여·마천, 광장동과 자양·구의, 가재울과 수색·증산, 동대문, 중계와 창동·상계, 그리고 과천까지 이 지역에 대해 상세히 설명하고 다양한 사례를 제시했다.

　이 책을 읽은 독자들이 '혼돈의 부동산 시장'에서 반드시 오를 수 있는 아파트를 선점하는 기회를 잡을 수 있길 바란다. 서울의 핵심이 되는 아파트를 소개하고자 노력했다. 다만 지면이라는 특성상 소개하지 못한 아파트들도 많이 있었다는 점을 이해해주길 바란다.

　항상 기도해주는 사랑하는 부인과 두 딸 민지와 현지, 부모님과 장모님께 감사의 마음을 전한다. 그리고 진실된 믿음 생활을 인도해주시는 박명진 원장님께 감사를 드리며 하나님께 이 영광을 돌린다.

김인만

차례

2부 서울의 신흥 부촌을 잡아라

3부 앞으로가 더 기대되는 서울 아파트

부동산 시장의 분위기와 흐름에 따라 아파트의 가치가 오르고 내리는 것을 '시장 가치'라고 한다. 시장가치는 상가나 빌딩과 달리, 유독 아파트에만 적용되는 투자 가치다. 친구 따라 강남 가면 성공하는 것이 아파트다. 이런 시장가치를 극대화할 수 있는 지역을 공략하는 것이 아파트 투자의 성공 법칙 1순위다. 오를 때는 더 빨리 더 많이 오르고, 내릴 때는 조금 더 천천히 덜 내리는 지역을 찾는 것이 중요하다. 시장가치의 최고 선봉장이라 할 수 있는 서울의 핵심 프레임 지역에 대해 알아보자.

1부

핵심 프레임
지역은
강하다

01

아파트의
4가지 가치

아파트의 4가지 가치인 시장가치·현재가치·미래가치·내재가치를 살펴보고,
이에 맞는 아파트 투자 전략에 대해 알아보자.

대한민국에서 '아파트'라 하면 '부동산 투자'라는 말이 연상될 정
도로, 아파트는 주거 목적보다는 투자 목적이 더 앞선다. 아파트는
매력이 많은 부동산이다. 안정적으로 실거주를 할 수 있고, 자금이
부족하면 주택담보대출을 받을 수 있기 때문이다. 게다가 살다 보
면 가격이 올라서 투자 수익도 생긴다.

또한 거주하지 않더라도 전세를 끼고 투자를 하면 절반 정도의
투자 금액으로도 수익을 얻을 수 있다. 게다가 실수요자인 전세가
뒷받침해주기 때문에 안정성도 높다. 그런데 아파트가 너무나 많
고 그 지역도 다양하다.

2019년 주택소유통계에 의하면 개인이 소유한 주택은 전국 약

1,500만 호(아파트 900만 호)이고, 서울의 주택은 250만 호, 아파트는 대략 150만 호다. 전 국민 중에서 약 30%가 집을 소유하고 있고, 이를 가구로 따지면 약 55% 가구가 집을 소유하고 있다.

그런데 만약 주택보급률이 100%를 넘겼다고 해도 국민들이 거주하고 싶은 아파트는 한정적이다. 대개는 서울 등 도심 지역의 아파트인데, 이러한 아파트는 여전히 부족하다.

서울 등 도심 지역의 아파트는 충분히 경쟁력이 있다. 공급이 제한적이기 때문이다. 또한 절대인구가 줄어든다고 해도 인구 이동이나 심리에 따른 상대인구, 비(非)서울 거주자의 투자 수요까지 감안하면 수요는 여전히 풍부하기 때문이다.

부동산 투자를 하는 사람들은 "아파트 투자가 제일 쉽다"고 한다. 가격이 오를 때 투자하고 조정장일 때는 쉬어 가면 되기 때문이다. 그런데 막상 내가 투자를 하면 그게 쉽지 않다. 아파트 가격이 오를 때는 올라서, 내릴 때는 내려서 투자하기가 망설여지고 불안하다.

아파트는 부동산 대책, 수요와 공급, 금리, 경제상황 등이 복잡하게 얽혀 있고, 구매 능력뿐만 아니라 논리적인 니즈(needs)와 감성적인 원츠(wants)가 복합적으로 결합된 구매 욕구까지 맞물려서 예측 자체가 굉장히 어렵다. 오르지 않아야 할 때는 오르고, 올라야 할 때는 오르지 않는다. 그래서 정부가 아파트 시장을 안정시키기 위해 대책을 쏟아붓고 있지만, 여전히 집값을 잡지 못하고 있다.

<그림1> 아파트의 4가지 가치

내재가치 · 미래가치 · 시장가치 · 현재가치

아파트 투자, 이제는 제대로 알고 투자해야 한다. 오를 때는 더 빨리 더 많이 오르고, 내릴 때는 더 늦게 덜 떨어지는 경쟁력 있는 아파트를 찾아서 투자할 수 있어야 한다. 이것이 진정한 아파트 가치투자라 할 수 있다.

아파트의 4가지 가치인 시장가치·현재가치·미래가치·내재가치에 대해 알아보자.

첫째, 시장가치는 입주물량, 부동산 대책, 금리 등의 외적인 영향으로 수요자의 구매 능력뿐만 아니라, 구매 욕구인 투자 심리가 영향을 받으면서 형성되는 부동산 시장의 분위기와 흐름에 따른 아파트 가치를 의미한다.

아파트 가격이 오를 때는 영원히 상승할 것 같지만, 가격이 내릴 때는 "끝났다"라는 말을 할 정도로 등락이 크다. 상투를 잡아서 고생을 하느냐, 아니면 투자수익을 얻느냐가 시장가치에 따라 결정된다고 해도 과언이 아니다. 그래서 아파트 시장의 흐름을 예측하기 위해서 입주물량, 부동산 대책의 원리와 시그널 등을 분석하고 공부해야 한다.

그런데 등락의 시장 흐름을 기다리지 못하는 투자자들의 불안한 심리가 문제다. 적어도 아파트 투자에서는 시간과의 싸움이 필요하다. 결국 서울 등 도심의 아파트 가격은 오른다. 인플레이션에 따른 화폐가치 하락과 지가 상승만큼 또는 그 이상 오른다.

상승장에서는 더 빨리 더 많이 오를 수 있는 아파트를, 하락장에서는 더 늦게 덜 내릴 수 있는, 시장가치를 극대화할 수 있는 핵심 프레임 지역의 아파트를 고르는 것이 중요하다.

둘째, 현재가치는 아파트의 현재가격을 형성하는 데 영향을 주는 교통, 학군, 편의시설 등 주변 환경과 입주연도, 세대 수, 브랜드, 동, 층, 라인, 타입 등 아파트의 내부 환경을 의미한다. 현재가격에는 현재가치가 반영되어 있다. 그래서 현재가치가 좋은 아파트는 그만큼 가격이 높다. 가격이 높다는 것은 아파트를 원하는 수요층이 그만큼 두텁다는 뜻이다. 때문에 팔 때 잘 팔리고 오를 때 잘 오른다.

현재가치 중에서 가장 중요한 것은 무엇일까? 바로 교육환경이다. 맹모삼천지교(孟母三遷之敎)란 말은 현재까지도 이어진다. 교육은 대한민국에서 자녀를 키우는 부모라면 최우선시되는 요소다.

교육환경이 좋은 지역의 아파트는 수요가 탄탄하고 경쟁력이 높다. 그래서 상승장과 하락장에 강하다. 교육환경이 우수한 지역의 아파트는 수요자들의 투자 대상 1순위다.

셋째, 미래가치는 현재가격이 반영된 현재가치에서 개발호재 등으로 인해 향후 가치를 기대하게 만드는 가치다. 대표적인 개발호재로는 지하철역 신설과 지역 개발이 있다. 이미 개통된 지하철이라면 현재가치이고, 개통이 예정된 지하철이라면 미래가치가 된다. 그래서 지하철 연장이나 노선 신설은 대표적인 개발호재이자 미래가치다. 특히 '골드라인' 지하철이라면 황금알을 낳는 미래가치다.

수도권에 신설 또는 연장 예정인 지하철, 그것도 골드라인 지하철역에 인접한 아파트는 놓쳐서는 안 된다. 또한 재건축·재개발 등 각종 지역개발 사업을 통해 새로운 모습으로 변신하는 것 또한 미래가치의 중요한 요소다.

넷째, 내재가치는 부동산이 품은 본연의 가치인 땅의 가치다. 토지와 건물로 구성되는 아파트의 진정한 가치는 콘크리트를 받치고 있는 땅에 있다. 콘크리트는 40년만 되어도 감가상각이 되어서 가치가 떨어지지만, 땅은 시간이 지날수록 그 가치가 높아진다.

시간이 지날수록 아파트 가격이 올라가는 것은 풍부한 수요와 제한적인 공급 영향도 있지만 희소가치인 토지 가격의 상승을 빼놓을 수가 없다. 예전에 한 고객과 개포동에 간 적이 있었다. 고객은 "아니, 이렇게 오래된 아파트에 무슨 투자가치가 있다는 건가요?"라고 말했다. 그는 내재가치를 보지 못했던 것이다.

진정한 내재가치는 새 아파트로의 변신이 가능한 땅에 있다. 한 때 부의 상징이던 타워팰리스가 시간이 지날수록 반포, 압구정, 개포의 아파트보다 가격 상승이 떨어지는 이유는 바로 내재가치 때문이다. 땅의 가치인 내재가치가 높은 아파트나 주택에 관심을 가져야 한다. 특히 재건축이나 재개발을 앞둔 아파트가 좋다. 그리고 서울 외 지역에서는 대규모의 아파트로 개발되는 신도시에 눈을 돌려야 한다.

아파트의 4가지 가치에 최적화된 경쟁력 있는 지역과 아파트가 어디인지를 찾기 위해 이제부터 부동산 여행을 떠나보자.

02

아파트 가치의 중심, 핵심 프레임 지역

부동산 시장의 흐름에 따라 아파트 가격은 등락을 거듭하고, 장기적으로는 우상향을 한다. 상승장에 더 빨리, 더 높이 오를 수 있는 핵심 프레임 지역 아파트에 투자하는 것이 좋다.

앞서 시장가치란 아파트의 입주물량, 부동산 대책, 금리 등의 외적인 영향으로 수요자의 구매 능력뿐만 아니라 구매 욕구인 투자 심리가 영향을 받으면서 형성되는 부동산 시장의 분위기와 흐름에 따른 아파트 가치라고 설명했다.

"내가 사면 내리고, 내가 팔면 오른다"라는 말을 듣고 '내 이야기를 하는 것 같다'라고 생각하는 사람들이 많을 것이다. 시장가치를 제대로 이해하지 못하면 이런 '뒷북' 투자를 할 가능성이 높아진다. 전통시장에 가면 많은 물건이 있고, 그 물건을 사고파는 사람들 역시 많다. 희소가치가 있고 경쟁력이 있는 물건은 비싸게 팔릴 것이고, 어디를 가더라도 쉽게 살 수 있는 물건은 싼값에 팔릴 것이다.

날씨가 안 좋으면 수요가 줄어들면서 거래가 잘 안 되고 명절 같은 대목이면 수요가 늘어나 거래도 늘어나고 물건 가격도 오른다.

부동산 시장, 특히 아파트 시장은 전통시장과 별반 다를 것이 없다. 아파트는 거래 대상인 물건이 되고, 아파트를 사거나 분양을 받는 사람이 수요자, 아파트를 팔거나 공급하는 건설회사가 공급자가 된다. 그리고 수요와 공급에 부동산 정책과 금리 등이 영향을 준다.

도심 지역의 아파트 가격은 인플레이션에 따른 화폐가치의 하락과 지가 상승, 희소가치 등의 이유로 장기적으로는 우상향할 것이다. 하지만 영원히 오르기만 하는 것은 아니다. 수요가 늘어나거나 공급이 줄어들면 아파트 가격은 오른다. 반대로 수요가 줄어들거나 공급이 늘면 아파트 가격은 내려간다. 이는 기본적인 경제 원리다.

아파트 가격이 많이 오르면 정부는 과열된 아파트 시장을 안정시키기 위해 부동산 규제를 강화한다. 규제를 통해 아파트 가격이 안정되면 좋겠지만, 한 번 달아오른 투자심리는 정부의 바람과 달리 쉽게 식지 않는다. 그 결과 아파트 가격은 더 오르고 규제는 더욱 누적된다.

건설회사는 아파트 가격이 올라서 분위기가 과열되면 분양물량을 늘린다. 상승 분위기에 힘입어서 분양가를 인상하고, 늘어난 분양물량은 3년이 지나면 입주물량으로 이어진다, 그런데 여러 번 말했듯이 영원한 상승은 없다. 오르막이 있으면 내리막이 있고, 빛이 강하면 그늘도 깊어지게 마련이다.

　오르기만 할 것 같은 아파트 시장 분위기가 꺾이면, 마치 언제 그랬냐는 듯이 거래가 줄어들고 가격은 떨어진다. 물론 오른 만큼 떨어지지는 않는다. 장기적으로는 더 오르겠지만 그래도 내리면 힘들다. 사람 마음이 100으로 차올라도 30으로 떨어지면 사람들은 견디기 어려워한다. 그게 인간 심리다.

　이렇게 아파트 시장이 침체되면 정부는 냉각된 아파트 시장을 살리기 위해 부동산 규제를 풀어준다. 이때 문제는 대책을 발표해도 금방 효과가 나오지 않는다는 점이다. 규제를 풀어주어도 거래량은 늘어나지 않고 하락폭은 더 커진다. 결국 조급해진 정부는 규제를 더 푼다.

　건설회사는 미분양을 우려해서 경쟁력이 높은 지역 이외에는 공급물량을 늘리려고 하지 않는다. 여기에 금리인상이나 국내외 경제상황 등의 외적인 변수에 따라 하락이나 상승의 폭이 더 커질 수도 있다. 그래서 시장가치를 잘 이용하려면 아파트 시장가치의 특징을 잘 파악하고 있어야 한다.

　아파트 시장 분위기가 언더슈팅(Undershooting)이 되었을 때는 분양물량이 줄어들고 부동산 규제 완화 대책이 나온다. 특히 양도세 5년간 면제와 같은 양도세 특례나 대출 규제를 풀어주는 파격적인 규제 완화 대책이 나오는데, 이는 아파트 시장이 바닥에 가까워졌다는 징조다.

반대로 오버슈팅(Overshooting)이 되면 분양물량이 늘어나고 양도세 중과, 대출 규제 등 부동산 규제가 강화된다. 강한 규제가 나왔음에도 아파트 가격이 올라가고 이에 불안감을 느낀 실수요자들이 너도나도 투자에 몰리는데, 이는 꼭지가 가까워지고 있다는 징조다.

아파트 투자는 타이밍이고, 이 타이밍이 바로 시장가치다. 현명한 아파트 수요자라면 시장가치를 제대로 읽고 판단할 수 있어야 한다. 이러한 시장가치에 따라 타이밍을 잘 잡는 것이 아파트 투자에서 매우 중요한데, 현실은 생각처럼 쉽지가 않다.

미래는 알 수 없기에 이론적으로 분석하고 타이밍을 잡으려고 해도 지나친 두려움과 기대심리 때문에 판단 실수를 하는 경우가 많다. 인플레이션에 따른 화폐가치 하락, 지가 상승 등 희소가치와 입지, 교통, 교육환경, 아파트 세대 수, 브랜드 등 현재가치가 높은 도심 지역의 아파트 가격은 결국 더 오를 것이다. 그래서 시장가치를 극대화하려면 상승장에는 더 빨리 더 많이 오르고, 하락장에는 더 늦게 덜 내리는 현재가치가 높은 아파트가 경쟁력이 있다.

시장가치와 현재가치가 경쟁력인 핵심 프레임 지역의 아파트를 선택하는 것이 가장 중요하다. 핵심 프레임 지역은 위기에 강하다. 따라서 10년만 지나도 그 가치가 극대화될 것이다. 이는 투자와 시장가치를 극대화할 수 있는 핵심 프레임 지역의 아파트를 공략해야 하는 이유이기도 하다.

서울의 핵심 프레임 지역은 어디일까? 강남의 신(新)부촌인 반포·잠원, 교육 1번지 대치, 최고의 명당 압구정, 미니 신도시 개포, MICE개발의 강남 삼성동과 송파 잠실, 서울의 핵심거점인 여의도와 용산, 강남 부럽지 않은 교육 도시인 목동이 그렇다. 이에 대해 상세히 알아보자.

03

강남의 새로운 부촌,
반포지구

현재 강남의 부촌은 반포(반포동·잠원동)다.
아크로리버파크를 비롯해서 미래의 랜드마크인 반포주공1단지에 대해 알아보자.

10년이면 강산이 변하는 것처럼 부촌(富村)도 세월에 따라 변한
다. 1970년대 영동개발이 이루어지기 전까지 강남은 한낱 시골에
불과했다. 조선시대만 해도 개국공신들에게 하사하던 선물용 땅이
강남이었다.

현재 서울 최고의 부촌으로 등극한 반포(반포동·잠원동) 지역은
시흥군에서 1963년 서울특별시 성동구로 편입되었다가 1975년 강
남구가 신설되면서 강남구가 되었고, 1988년 서초구가 되었다.

반포는 강남이 개발되기 전까지는 양잠을 하던 뽕나무 밭이었
다. 그런데 불과 40여 년 만에 대한민국 최고의 부촌이 되었다. 영
동개발이라는 단어에서 '영동'이란 '영등포의 동쪽 지역'이라는 의

미다. 강남이라는 이름조차 없던 시절의 이야기다.

반포동과 잠원동을 아우르는 반포지구가 강남 최고의 부촌이 된 지는 그리 오래되지 않았다. 영동개발 이후에 만들어진 강남에서는 1990년까지만 해도 압구정동이 최고의 부촌이었다. 압구정동 아파트들은 개발 단계부터 부자들을 대상으로 한 중대형 아파트로 만들어졌고, 현재까지도 부촌의 명성을 유지하고 있다. 게다가 재건축 기대감이 커지면서 최고의 자리를 차지하고 있다.

노무현 정부 시절인 2000년대에 강남의 최고 부촌은 대치동과 도곡동이었다. 당시 도곡동 타워펠리스는 삼성동 현대아이파크와 함께 부유층의 상징이자 고가 아파트를 대표했다. 도곡렉슬(도곡주공1차 재건축), 대치 동부센트레빌(대치주공 재건축), 대치우성·선경·미도를 중심으로 한 대치동의 학원가는 다른 지역에서 넘볼 수 없을 만큼 우수한 교육환경을 자랑하고 있다. 대치동은 지금도 강남의 부촌 중 하나이지만, 2000년대까지만 해도 반포가 대치동을 넘을 수는 없었다.

1970~1980년대에는 늘어나는 주택수요에 비해 주택공급이 부족해서 반포동과 잠원동 일대가 개발되었는데, 이곳이 반포지구다. 반포지구는 중대형 아파트 위주의 부촌으로 개발된 압구정동과는 달리, 소형 아파트 위주의 서민 주거단지로 개발되었다.

2008년 이후 글로벌 금융위기와 대출 규제 등 규제가 누적되면서 강남을 포함해 서울의 대부분 지역이 부동산 시장 침체로 접어들었다. 대치동 아파트 역시 많이 오른 만큼 하락의 아픔도 컸다. 하지만 서민 주거단지였던 반포 아파트들은 조정을 거치지 않고 독야청청 상승세를 이어갔다. 그 이유는 바로 한강르네상스의 힘 때문이었다.

2000년대 말 당시, 오세훈 서울시장(2021년 4월 재보궐 선거로 서울시장에 재당선)이 디자인서울 정책의 핵심으로 추진했던 한강변 개발 프로젝트인 '한강르네상스'로 인해 한강 주변 아파트들에 대해 사람들의 관심이 높아졌다. 그 결과 강남 반포뿐만 아니라 압구정, 잠실, 용산, 마포, 성수 등 한강변 아파트들의 고공행진이 시작되었다. 런던, 뉴욕도 그렇고 대도시 강변의 고급 주거지의 개발과 그 인기는 당연한 일일 것이다. 영국으로 유학을 다녀온 한 고객은 영국의 템즈강 주변의 주택 가격이 상승하는 것을 본 후, 한강변인 잠원동 아파트를 구입했다. 그에게는 선견지명이 있었다.

용산은 단군 이래 최대 개발사업이라는 역세권 개발사업이 중단되면서 투자 손실이 발생하기도 했다. 하지만 반포지역 아파트는 흔들림 없는 상승을 이어가면서 현재 최고의 부촌 자리에 올랐다.

반포의 인기 원인이 '한강변'이라는 하나의 이유만 있는 것은 아니다. 골드라인이라 불리는 지하철 3·7·9호선이 지나가고, 반포 학원가의 명성은 이미 유명한 수준이기 때문이다. 게다가 신세계백화점 복합타운 등 편의시설도 뒷받침하고 있다. 향후에 경부선 고속버스터미널 부지가 개발된다면 반포 지역에 또 하나의 개발호재

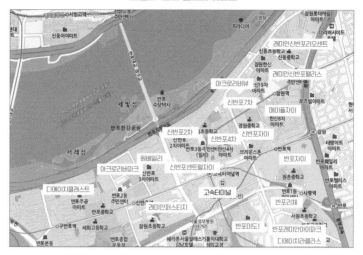

<그림2> 반포 일대의 아파트

가 되면서 반포지구 인기에 힘을 보탤 것으로 기대된다.

　지금은 3.3m²당 1억 원이라는 가격이 그리 낯설지는 않을 것이다. 그런데 2018년 여름, 서울의 집값이 급등을 하면서 3.3m²당 1억원이 넘는 가격에 거래되었다는 소문이 돌았고, 집값을 잡으려고 비상이 걸린 국토교통부에서 조사에 착수하는 일이 있었다.

　2007~2008년 반포주공2단지와 3단지를 재건축한 반포 래미안 퍼스티지와 반포자이의 일반 분양가격이 3.3m²당 3천만 원이 넘으면서 고(高)분양가 논란이 있었다. 그런데 불과 10년 만에 3.3m²당 가격이 1억 원을 넘을 정도로, 한강변 반포의 새 아파트 힘은 강해졌다.

　현재 3.3m²당 1억 원을 훌쩍 넘긴 아크로리버파크는 신반포1차를 재건축한 아파트로, 2016년에 입주한 한강변의 새 아파트다. 강남의 최고 부촌인 데다 한강이 보이니, 따지고 보면 3.3m²당 1억 원을 훌쩍 뛰어넘는 것이 이상한 일은 아닌 것 같기도 하다.

1970~1980년대에 개발된 반포지구는 재건축이 매우 활발한 곳이다. 새 아파트로 재건축이 되면서 엄청난 인기와 함께 가격이 치솟고 있다. 지금은 아크로리버파크(신반포1차 재건축) 등 새롭게 등장한 아파트에 자리를 내주었지만, 2000년대 말부터 래미안퍼스티지(반포주공2단지)와 반포자이(반포주공3단지)가 반포의 랜드마크 자리를 차지했었고, 지금도 여전히 높은 가격으로 형성되어 있다.

2011년에 후배 한 명이 내게 이런 말을 했다. "래미안퍼스티지 전용 59m²가 9억 원에 거래되었어. 아무리 강남이라고 해도 전용 59m²가 9억 원이라니, 정말 미친 것 같아"라고 말이다. 그런데 지금 생각해보면 반포리체(삼호가든1·2차 재건축)도 말도 안 되는 가격인 3.3m²당 2,900만 원대로 2011년에 일반분양을 했다.

현재는 아크로리버파크와 아크로리버뷰신반포(신반포5차)를 필두로 래미안신반포팰리스(잠원대림), 래미안신반포리오센트(신반포18·24차), 반포래미안아이파크(서초한양), 반포센트럴자이(신반포6차) 등 최근에 입주한 새 아파트들이 반포지구의 아파트 시세를 주도하고 있다.

삼호가든3차를 재건축한 디에이치라클라스는 2021년 6월에 입주를 했다. 필자가 입주자 사전점검 때 아파트를 소개하는 프로그

<그림3> 반포 디에이치클래스트 조감도

출처: 반포주공1단지 조합

램 촬영차 이곳에 방문을 했다. 당시 강남의 새 아파트답게 멋진 조경과 커뮤니티 시설이 눈길을 끌었다.

시간이 더 흘러서 10년 후에 반포의 왕좌를 차지할 아파트는 어디일까? 아마도 반포주공1단지(1·2·4주구)를 재건축하고 있는 디에이치클래스트가 될 것이다. 재건축 초과이익환수 등 재건축 규제를 피하기 위해 속도를 내다가 소송 문제가 생기면서 진통을 겪고 있지만, 공사비만 2조 원이 넘는 5,335세대 한강변 대단지 아파트이니 더 말할 필요도 없다.

반포주공1단지 3주구도 시공사 선정 후에 속도를 내고는 있지만, 재건축 초과이익환수 등의 영향으로 시간이 더 필요할 것 같다. 다만 시간이 해결해줄 문제다. 반포주공1단지 3주구까지 재건축사업이 완성되면 강남 반포지구의 랜드마크 자리는 반포주공1단지가 차지할 것이다.

반포지구에는 반포주공1단지 외에도 재건축 사업으로 입주를 앞둔 아파트들이 여전히 많다. 원베일리(신반포3차, 반포경남)가 2023년에, 메이플자이[한신4지구(신반포8·9·10·11·17, 녹원한신, 베니하우스)]가 2024년 입주를 목표로 재건축 사업이 진행되고 있다.

정부의 강한 규제로 원베일리는 통매각이 추진되다가 정부와 서울시의 반대로 무산되는 등 어려움을 겪고 있지만, 이는 시간이 해결해줄 것이다. 그 외에도 아직 시간이 더 필요하지만 신반포2차와 신반포7차 등 여러 아파트들이 미래의 반포를 꿈꾸면서 재건축 사업을 추진하고 있다.

<표4> 반포지구의 주요 아파트

지역	동	아파트	입주연도	세대 수	비고
서초	반포	디에이치클래스트	2024년 예상	5,335	재건축 중(반포주공1 1·2·4주구)
		반포주공1단지 3주구	1973년	1,490	재건축 중
		아크로리버파크	2016년	1,612	재건축 완료(신반포1차)
		원베일리	2023년	2,971	재건축 중(신반포3차, 반포경남)
		반포센트럴자이	2020년	757	재건축 완료(신반포6차)
		신반포2차	1978년	1,572	재건축 추진
		신반포4차	1979년	1,212	재건축 추진
		아크로리버뷰신반포	2018년	595	재건축 완료(신반포5차)
		래미안퍼스티지	2009년	2,444	재건축 완료(반포주공2)
		반포자이	2009년	3,410	재건축 완료(반포주공3)
		반포리체	2011년	1,119	재건축 완료(삼호가든1·2차)
		반포래미안아이파크	2018년	829	재건축 완료(서초한양)
		디에이치라클라스	2021년	848	재건축 완료(삼호가든3차)
		반포미도1차	1987년	1,260	재건축 추진
	잠원	신반포자이	2018년	607	재건축 완료(반포한양)
		신반포7차	1980년	320	재건축 추진
		래미안신반포팰리스	2016년	843	재건축 완료(잠원대림)
		래미안신반포리오센트	2019년	475	재건축 중(신반포18·24차)
		메이플자이	2024년 예상	3,700	한신4지구(신반포8·9·10·11·17, 녹원한신, 베니하우스)

04

교육 1번지,
대치

대한민국 최고의 명문 학군과 학원가를 품은 강남 대치동.
현재가치의 정점인 대치동 아파트는 10년 후에도 그 명성을 이어갈 것이다.

대한민국의 교육 1번지는 두말할 것 없이 강남 대치동이다. 가끔 강남 8학군을 '강남의 유명한 8개 고등학교'라고 여기는 사람들이 있는데, 사실 8학군은 강남과 서초의 학군을 이르는 말이다. 목동이 있는 강서 양천은 7학군이고, 송파와 강동은 6학군이다.

1970년대에 도시화가 진행되면서 서울의 인구가 급증했다. 그 결과 서울 강북에서 과밀화 문제가 심각해졌다. 당시 남북은 냉전 상황이었기에 박정희 정부는 강북에 거주하는 서울 시민들을 한강 이남으로 이주시키고자 했고, 이는 주요 국정과제였다. 그런데 당시 강남으로의 이전은 지지부진했다. 그러자 정부는 강북의 명문 학교를 강남으로 이전하는 극단의 카드를 꺼내들었다.

1976년 현 정독도서관 터에 자리했던 종로구 화동 경기고등학교를 강남구 삼성동으로 이전시켰다. 당시 동문들이 거세게 반발했지만 정부는 밀어붙였다. 그 결과 1970년대 이후에 강북 도심의 학교 20곳이 한강 이남으로 이전되었고, 그중 15곳이 강남, 서초, 송파, 강동으로 이전되었다. 또한 강북 지역에 학교 신설 및 확장을 금지했고, 4대문 내의 입시학원을 4대문 밖으로 이전시키는 등 추가적인 조치가 뒤를 이었다. 이처럼 현재의 교육 1번지인 대치동은 정부가 만든 셈이다.

이렇게 강남 개발이 이루어졌고 인구 이전을 촉진하기 위해 지하철 2호선도 강남으로 연결되었다. 그러면서 사람들은 강남에 관심을 가졌고, 강남으로 유입되는 인구 역시 늘어났다. 그 결과 강남의 아파트 가격이 상승했고, 한 고등학교에서 명문 대학교 입학자를 100명 이상 배출하는 등 교육 열기도 뜨거웠다.

그런데 부정적인 면도 있었다. 1980~1990년대까지 최고의 학군이라 불린 8학군으로 위장전입을 하는 문제가 생긴 것이다. 고위공직자들의 위장전입이 청문회의 단골 메뉴가 될 정도였다.

강남의 여러 동 중에서 대치동이 어떻게 교육의 1번지가 되었을까? 대치동은 개포동과 함께 전형적인 아파트 주거지로 개발되었고, 초·중·고등학교가 적절하게 잘 배치되었다. 경기고, 휘문고, 단대부고, 중대부고, 숙명여고, 경기여고 등 이름만 들어도 쟁쟁한 고등학교들이 대치동 인근에 위치해 있다.

전문직, 대기업 등 사무직 종사자, 고위 공무원 등 신(新)중간계층의 고학력자들이 강남에 자리를 잡았다. 여기에 1980년대 후반부터 공교육에 비해 사교육이 교육의 중심이 되면서 유명 강사가 모여 있는 학원가가 형성되었다. 그러자 대치동이 교육의 1번지로 자리를 잡았다.

　주말이 되면 특강을 듣기 위해 새벽에 '줄서기' 아르바이트까지 등장하고, 밤에는 학원버스로 도로가 불야성을 이룬다. 게다가 자녀를 픽업하려고 주차장을 이용하고자 헬스클럽까지 등록하는 진풍경이 벌어지기도 한다. 방학이면 지방이나 해외에 거주하는 학생들이 대치동으로 몰린다. 그러면서 대치동 인근의 오피스텔 단기월세 가격이 급등하기도 한다.

　그런데 고등학생의 평균 학습능력을 반영하는 수능 3개 영역의 종합 평균점수로 따진 고교별 성적 결과를 보면, 전국 고등학교 100위 안에 서울은 8곳뿐이고, 강남 8학군은 한 군데도 없다. 고교 평준화 및 특목고로 우수한 학생들이 빠져나간 영향이 있으나 자세히 살펴보면 평균점수에 함정이 숨어 있다.

　1등급 비율로 따졌을 때 강남, 서초 8학군 20여 개 고등학교가 영역별 최상위 10위권 안에 포함되어 있고, 서울대를 많이 보낸 일반고등학교 10위 안에 대치동에 소재한 고등학교가 3개나 있다. 상대적으로 여유가 있는 강남 부모님의 자금력과 대치동 학원가 및 학군의 힘으로 공부를 잘하는 것이다. 물론 대치동으로 이사를 가

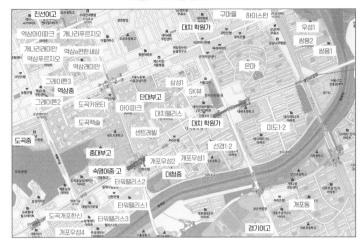

<그림5> 대치동 일대의 아파트

는 것만으로 공부를 잘하는 것은 아니다. 오히려 상대적인 비교 때문에 자기 페이스를 잃는 학생들도 제법 있다. 자녀의 재능과 꿈을 무시하고 무조건 대치동으로 이사를 하는 것은 역효과가 생길 수도 있으니 신중해야 한다.

대치동 학원가는 두 군데다. 한 곳은 대치래미안팰리스 앞 상가로 소형 보습학원이 몰려 있다. 다른 한 곳은 대치래미안팰리스와 단대부고 북쪽 은마아파트 사거리에서 롯데백화점으로 이어지는 곳에 있다. 여기는 대형 학원가가 있다.

대치동의 대표적인 아파트는 청실1·2를 재건축해서 2015년에 입주한 래미안대치팰리스다. 래미안대치팰리스는 1단지(1,278세대)와 2단지(330세대)로 구성되어 있다. 2단지가 3호선 대치역으로의 접근

〈그림6〉 래미안대치팰리스와 보습학원가

성은 좋지만, 세대 수와 더블역세권(3호선과 분당선)인 도곡역으로의
접근성은 1단지가 더 우수하다. 그래서 1단지의 선호도가 더 높다.

래미안대치팰리스 1단지와 2단지 모두 대치 학원가와 인접해 있
다. 그만큼 대치동의 강자로, 반포(반포동·잠원동) 일대의 새 아파트
와 유일하게 경쟁할 수 있는 최상위군 아파트라 할 수 있다.

2016년 봄, 한 고객이 래미안대치팰리스 149m²를 22억 원에 매
입하고 싶다고 연락을 했다. 굳이 대출을 받아서 갈아탈 필요가 있
느냐, 새 아파트로 갈아타고 싶다는 부부간의 의견이 대립되는 상
황이었다. 긴 고민 끝에 대치의 힘을 믿고 선택을 했고, 2021년 기
준 시세가 2배 정도 올랐다. 결국 대치는 실망시키지 않았다.

2000년대 중반까지는 대치주공을 재건축해서 2005년에 입주한
대치 동부센트레빌이 랜드마크의 자리를 차지했다. 현재 도곡주공

2단지를 재건축한 대치아이파크, 국제아파트를 재건축한 대치SK 뷰, 진달래아파트를 재건축한 대치롯데캐슬리베 등이 새 아파트로 분류된다.

래미안대치팰리스의 뒤를 이어 차기 대치의 랜드마크 새 아파트로 변신을 준비하고 있는 아파트가 있다. 바로 은마아파트와 '우선미'라 불리는 개포우성1·2차, 선경1·2차, 미도1·2차다.

은마아파트는 1979년에 지어진 4,424세대의 대단지 아파트다. 강남 재건축을 이야기할 때면 빠지지 않는 곳이다. 재건축이 되면 엄청난 아파트가 되겠지만, 아쉽게도 용적률이 204%에 달한다. 따라서 사업성 측면에서는 재건축 속도를 빨리 내는 것이 쉽지 않을 것이다. 다만 서울시의 정비사업 활성화 정책에 따라 파격적인 용적률 상향 및 층고 완화 인센티브가 주어진다면 날개를 달 것이다.

개포우성, 선경, 미도아파트도 은마아파트 못지않은 좋은 아파트다. 용적률이 170% 수준이어서 재건축을 기대할 수는 있지만, 정책적인 지원이 없다면 시간이 오래 걸릴 것이다. 그런데 2021년 재보궐 선거로 당선된 오세훈 서울시장이 재건축 규제 완화를 말하고 있으니 기대감은 한층 더 커졌다.

이번에는 도곡동을 살펴보자. 2000년대 강남 아파트의 대표주자는 도곡렉슬이다. 도곡렉슬은 도곡주공을 재건축해서 2006년에 입주한 3,002세대의 대단지 아파트다. 전용 86m² 시세가 15억 원에 육박할 정도로 거침없이 달렸던 도곡렉슬은 2008년 금융위기를 겪으면서 상승세가 꺾였다. 그러면서 2012년 전용 86m²가 10억 원 이하로 떨어지면서 극심한 침체를 겪었다. 하지만 지금은 30억 원에 육박할 정도로 시세를 회복했다.

삼성전자 본사를 지으려다가 고층 주상복합으로 건축이 된 타워팰리스는 한때 삼성동 아이파크와 더불어 초고가 아파트의 대명사였다. 타워팰리스는 높은 관리비, 낮은 전용률, 입주연도 때문에 새 아파트의 프리미엄이 줄어들면서 상대적으로 주변 아파트에 비해서 약세다. 게다가 용적률이 900%가 넘는 주상복합이기 때문에 내재가치가 낮다는 단점이 있다.

도곡동의 위로 가면 역삼 개나리, 진달래, 영동아파트를 재건축한 역삼래미안, 역삼e-편한세상, 역삼푸르지오, 개나리푸르지오, 개나리래미안, 역삼IPARK, 래미안그레이튼2차·3차 등이 있다. 학군도 괜찮고 대치 학원가도 이용할 수 있으며 무엇보다 대치동 아파트보다 가격대가 상대적으로 낮기 때문에 효율적이다.

진달래2차를 재건축한 래미안그레이튼2차의 경우, 2010년 일반 분양 당시 전용 59m² 분양가격이 6억 원 중반대로 3.3m²당 2,600만 원 정도였다. 10년이 지난 2021년은 어떠했는가? 20억 원을 넘어 3.3m²당 8천만~9천만 원 정도로 형성되었다. '그때 샀어야 했는데'라며 후회하는 사람들이 많이 있을 것이다. 우수한 교육환경이라는 현재가치를 가진 아파트라면, 10년 후에도 또다시 후회를 반복할지도 모른다.

<표7> 대치동 일대의 주요 아파트

지역	동	아파트	입주연도	세대 수	비고
강남	대치	래미안대치팰리스1단지	2015년	1,278	재건축(청실)
		래미안대치팰리스2단지	2015년	330	재건축(청실)
		동부센트레빌	2005년	805	재건축(대치주공)
		대치아이파크	2008년	768	재건축(도곡주공2)
		대치SK뷰	2017년	239	재건축(국제)
		대치삼성1차	2000년	960	
		대치롯데캐슬리베	2008년	144	재건축(진달래)
		은마	1979년	4,424	용적률 204%
		개포우성1차	1983년	690	용적률 178%
		개포우성2차	1984년	450	
		선경1·2차	1983년	1,034	용적률 179%
		미도1·2차	1983년	2,435	용적률 179%
		대치쌍용1차	1983년	630	용적률 169%
		대치쌍용2차	1983년	364	용적률 176%
		대치우성1차	1984년	476	용적률 179%
		래미안대치하이스턴	2014년	354	재건축(대치우성2)
	도곡	도곡렉슬	2006년	3,002	재건축(도곡주공)
		래미안도곡카운티	2013년	397	재건축(진달래1)
		타워팰리스1차	2002년	1,294	용적률 919%
		타워팰리스2차	2003년	813	용적률 923%
		타워팰리스3차	2004년	480	용적률 791%
		개포한신	1985년	620	용적률 145%
		개포우성4차	1985년	459	용적률 149%
	역삼	역삼래미안	2005년	1,050	재건축(영동1)
		역삼e-편한세상	2005년	840	재건축(영동2)
		역삼푸르지오	2006년	738	재건축(영동3)
		개나리푸르지오	2006년	332	재건축(개나리3)
		개나리래미안	2006년	438	재건축(개나리1)
		역삼PARK	2006년	541	재건축(개나리2)
		래미안그레이튼2차	2010년	464	재건축(진달래2)
		래미안그레이튼3차	2009년	476	재건축(진달래3)

05

최고의 명당이자 부촌, 압구정

서울 최고의 명당자리이자 전통적인 부촌인 압구정동은
재건축만 되면 '최고의 아파트'라는 자리는 따논 당상인 곳이다.

　서울에서 가장 좋은 명당자리를 꼽으라면 어디일까? 필자를 비
롯한 대부분의 전문가들은 아마도 한 치의 망설임 없이 압구정을
선택할 것이다. 압구정은 풍수지리적으로 명당자리다. 경치가 좋
은 명당자리에 압구정을 지은 사람은 누구일까? 바로 조선시대 수
양대군을 꾀어 단종으로부터 왕위를 빼앗게 한 한명회다. 한명회
는 생애 말년에 압구정에 별장을 짓고 명나라 문인 예겸에게 '갈매
기와 친하게 지내는 정자'라는 의미의 압구정이라는 이름을 받았
다고 한다.
　〈그림8〉은 조선시대 최고의 화가인 겸재 정선이 그린 〈압구정도〉
이다. 압구정동 일대와 한강을 넘어 옥수동, 금호동 일대가 보이고

<그림8> 겸재의 <압구정도>

그 뒤에 남산, 멀리 삼각산까지 보인다. 압구정 뒤에 보이는 산은 청계산과 우면산이 아닐까 싶다. 겸재가 65세 무렵에 그린 이 그림을 보면 우측 상단에 천금물전(千金勿傳), 즉 '천금을 주더라도 남에게 주지 말라'는 내용의 도장이 찍혀 있다고 하니 압구정을 그만큼 사랑한 것이 아니겠는가.

천금물전은 현재의 압구정에도 유효하다. 최고의 명당인 압구정은 1776년부터 1983년까지 현대식 고급 아파트로 개발되면서 재탄생했다. 압구정동 현대아파트는 광장동 워커힐아파트와 함께 당시 보기 드문 중대형 평형 위주의 부자들을 위한 부촌으로 개발되었다. 반포, 잠원이 소형 서민 아파트였다면 압구정은 중대형 부자 아파트 단지였다.

1990년대 초반에 유행했던 '오렌지족'의 중심지가 압구정동이었다. 당시 유하 시인의 〈바람 부는 날이면 압구정동에 가야 한다〉라는 시가 유행했고, 영화로도 만들어질 만큼 압구정은 강남 부촌의 선두주자였다.

게다가 압구정은 한강 조망이 되면서 교육·교통·생활환경 그 어느 하나 빠지는 것이 없는 곳이다. 구정중, 신구중, 신사중, 구정고, 현대고를 도보로 이용할 수 있고, 지하철 3호선과 분당선, 동호대교, 성수대교, 한남대교로 한강을 넘어갈 수 있다. 그리고 로데오거리와 현대백화점, 갤러리아백화점 등 편의시설까지 겸비하고 있다.

압구정고가차도(동호대교 진입로)를 기준으로 서쪽 신현대, 동쪽 구현대로 구분되는 압구정 아파트 단지는 세월이 지나서 오래된 것만 빼면, 단지 규모, 동 간 거리, 위치, 구조 등 모든 면에서 탁월하다. 다만 압구정 아파트들의 단점이라면 세월이 지나서 아파트가 노후화되었음에도 불구하고 재건축이 진행되지 않고 있다는 점이다.

개발 당시에 고급 주거단지로 개발이 되었기에 개포, 반포, 잠원 등 서민 주거단지에 비해서는 안전문제가 심각하지는 않지만, 약 40년이 지나면서 고급스러움은 색이 바랬고 강남의 부촌 자리를 반포, 잠원, 대치로 넘겨주게 되었다. 하지만 실망할 필요는 없다. 압구정은 최고 입지라는 내재가치와 개발 가능성이 높은 미래가치를 지니고 있고, 여전히 부자들이 많이 거주하는 부촌이기 때문

44

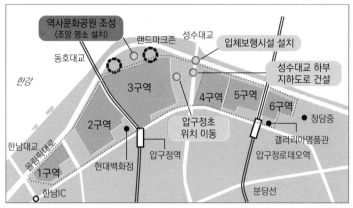

<그림9> 압구정 지구단위계획 토지이용안

역사문화공원 조성
(조망 명소 설치)

랜드마크존
성수대교
입체보행시설 설치

동호대교

성수대교 하부
지하도로 건설

한강

3구역

4구역 5구역

6구역

청담중

2구역

압구정초
위치 이동

한남대교

갤러리아명품관

1구역

현대백화점

압구정역

압구정로데오역

한남IC

분당선

올림픽대로

출처: 서울시

이다. 아직은 넘어야 할 산이 많지만 훗날 압구정 일대가 재건축된
다면 반포의 새 아파트들은 '최고'라는 명성을 압구정에 넘겨야 할
수도 있다.

압구정은 2009년에 한강르네상스 전략정비구역으로 지정되어
최고 50층 이상으로 재정비 사업이 추진되었다. 당시 계획용적률
210%, 1주구[미성1·2차, 신현대(현대9·11·12차)], 2주구(현대1~7·10차),
3주구(현대8차, 한양1~8차)로 추진되었다. 그러다가 2011년 서울시장
이 바뀌면서 흐지부지되었다. 하지만 여전히 개발에 대한 기대감은
높다.

2016년 기존 주거중심의 단조로운 압구정에서 한강이라는 수변
공간의 매력을 살리면서 상업, 문화, 여가 등 다양한 도시기능을 갖
춘 재건축 사업을 위해 1~6구역으로 나누어 개발하는 지구단위계

획이 세워졌다. 그러면서 잠깐 기대감이 높아졌다. 하지만 여전히 걸음마 단계로, 본격적으로 추진되고 있지는 않다.

2016년 지구단위계획에 의하면 1구역(미성1·2차), 2구역[신현대(현대9·11·12차)], 3구역(현대1~7·10·13·14차), 4구역(현대4·6·8차), 5구역(한양1~3차), 6구역(5·7·8차)로 개발될 계획이었다. 현대1·2차가 있는 3구역에는 역사문화공원과 랜드마크존으로 개발이 될 예정이다.

모두 좋은 지역이지만 군이 선택을 하자면 신사중, 현대고가 있고 반포와 연결되는 1구역(미성1·2차)과 지하철 3호선과 현대백화점이 있는 2구역[신현대(현대9·11·12차)], 3호선과 압구정중과 고등학교가 있고 한강 초고층 가능성이 높은 특별계획 3지구(현대1~7차 등)가 인기가 높을 것 같다. 물론 2016년 지구단위계획대로 진행되지는 않을 것이고, 새로운 정비계획이 발표되면서 또 다른 모습으로 개발될 가능성이 높다.

압구정은 전통적인 부촌답게 주민들 대부분이 여유가 있다. 그러다 보니 재건축이 빨리 추진되지 않아도 기다리겠다는 주민들이 많다. 그럼에도 지지부진한 추진 속도는 압구정의 단점이다. 다른 노후된 아파트들처럼 단독 재건축보다는 서울시의 개발계획과 정책지원을 받아서 체계적인 재정비 사업으로 추진되다 보니, 제대로 추진이 안 된 것이다. 3구역이 재건축 추진위 설립에 필요한 50%의 동의를 얻었고, 4·5구역에서 절반 이상의 동의를 확보했다.

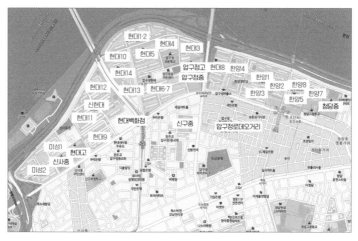

<그림10> 압구정 일대의 아파트

하지만 압구정 재건축은 넘어야 할 산이 너무나 많다.

재건축 초과이익환수 등 정부의 부동산 규제 정책의 강도가 높아진 것도 부담이다. 무엇보다 35층을 고집한 박원순 전 서울시장과 초고층을 원하는 주민들이 답답한 대립을 하고 있었다. 그런데 2021년 4월 보궐선거 결과가 한강르네상스 주역인 오세훈 서울시장으로 되면서 상황이 반전되고 있다.

아직은 지켜봐야겠지만 오세훈 시장의 '한강르네상스 시즌2'가 본격적으로 시작되면 새로운 압구정 정비계획이 나올 것이다. 그러면 보다 멋진 디자인 부촌으로 거듭날 수 있기에 기대감은 점점 더 높아지고 있다. 게다가 아파트 가격도 하늘 무서운 줄 모르고 치솟고 있다. 누가 뭐라고 해도 압구정은 최고의 명당이자 부촌이다. 향후 재건축 사업이 완성되기만 하면 서울의 최고가 아파트 자리는 압구정이 될 것이다.

<표11> 압구정 일대의 주요 아파트

지역	동	구역	아파트	입주연도	세대 수	비고
강남	압구정	1구역	미성1차	1982년	322	용적률 153%
			미성2차	1987년	911	용적률 233%
		2구역	신현대 (현대9차) (현대11차) (현대12차)	1982년	1,924	용적률 171% 용적률 176% 용적률 180%
		3구역	현대1·2차	1976년	960	용적률 225%
			현대3차	1976년	432	용적률 234%
			현대4차	1977년	170	용적률 95%
			현대5차	1977년	224	용적률 170%
			현대6·7차	1978년	1,288	용적률 189%
			현대10차	1982년	144	용적률 172%
			현대13차	1984년	234	용적률 191%
			현대14차	1987년	388	용적률 148%
		4구역	현대8차	1981년	515	용적률 178%
			한양4차	1978년	286	용적률 187%
			한양6차	1980년	227	용적률 170%
		5구역	한양1차	1977년	936	용적률 212%
			한양2차	1978년	296	용적률 181%
			한양3차	1978년	312	용적률 198%
		6구역	한양5차	1979년	343	용적률 192%
			한양7차	1981년	239	용적률 169%
			한양8차	1984년	90	용적률 175%

강남의 미니 신도시, 개포

더 이상 예전의 개포가 아니다.
재건축 사업을 통해 강남의 미니 신도시로 거듭날 곳이 개포지구다.

2018년 개포주공8단지를 재건축한 디에이치자이개포 일반분양 청약은 일명 로또였다. 최고 경쟁률이 90.69 대 1로 모든 타입이 1순위로 마감되었다. 그도 그럴 것이 분양가가 주변 시세보다 월등히 저렴한 3.3m²당 4천만 원 초반대였으니, 당첨만 되면 그야말로 로또였기 때문이다.

그런데 당첨되기가 하늘의 별 따기다. 운 좋게 당첨이 되더라도 분양가가 9억 원이 넘고 대출 규제로 중도금 대출이 안 되기 때문에 현금이 약 10억 원 정도는 있어야 했다. 소형 평형의 분양가가 11억 원이니 당첨이 된다 해도 현금 6억 원이 있어야 한다는 말이다. 말 그대로 그림의 떡이다.

그럼에도 경쟁률이 그렇게 높았다는 것은 어떤 의미일까? 돈이 많은 사람들이 많은 것도 있지만, 그만큼 개포가 옛날의 개포가 아니라는 뜻이기도 하다. 개포지구는 기대를 뛰어넘는 미니 신도시로 거듭날 것이다.

개포지구의 본격적인 변신을 알린 것은 2016년 개포주공2단지를 재건축한 래미안블레스티지부터다. 1983년에 입주한 1,400세대, 용적률 80%인 개포주공2단지를 재건축했다. 이후 1,957세대의 새 아파트로 2019년에 입주했다. 2016년 분양 당시 3.3m²당 평균 분양가가 4천만 원을 상회하는 수준으로 책정되면서 고분양가 논란이 발생했다.

당시 서울의 아파트 시장은 2012~2013년에 바닥을 찍고 거래량이 늘어나면서 회복을 하고 있었지만 폭등 수준은 아니었다. 압구정, 반포, 대치 등 강남의 핵심 지역에 비하면 다소 낮은 평가를 받던 개포지구에서 당초 3.3m²당 3,600만~3,800만 원 정도의 분양가를 예상했는데 조합에서 밀어붙인 고분양가 전략이 먹혔다. 우려와 달리 전 평형 1순위로 마감되면서 성공을 한 것이다.

디에이치자이개포(개포주공8단지)보다 입지나 규모에서 앞서는 래미안블레스티지(개포주공2단지)가 그 정도 분양가라면 너도나도 도전하겠지만, 그때는 모험이었고 결과는 대성공이었다. 개포가 고분양가로 성공을 하니 강남 전 지역의 아파트들이 동시에 뛰기 시작했다. 래미안블레스티지가 강남 아파트 가격 상승의 마중물(물을 끌어올리기 위해 먼저 붓는 물) 역할을 했다고 해도 과언이 아니다.

개포주공2단지가 래미안블레스티지로 분양에 성공한 이후, 개포주공3단지(디에이치아너힐즈), 개포시영(개포래미안포레스트), 일원현대(래미안개포루체하임), 개포주공8단지(디에이치자이개포) 등 재건축 아파트들도 연이어 성공했다. 그러면서 이제 개포는 성공을 알리는 블루칩이 되었다.

개포지구는 1980년대 초반 전두환 정부 시절에 주택 500만 호 건설계획에 따라 고덕지구 등과 함께 서울시가 계획한 주택지구 일환으로 개발되었다. 1970년대까지만 하더라도 한낱 시골마을이었던 개포가 '개도 포니를 타는 동네'가 된 것이다.

개포는 시간이 흐르면서 노후화된 아파트 단지 때문에 '낙후된 지역'이라는 이미지가 생기기도 했지만, 이제는 미니 신도시의 탄생을 준비하고 있다. 개포는 매우 매력적인 지역이다. 지하철 3호선과 분당선이 연결되어 있고, 양재천만 넘으면 대치 학원가를 이용할 수 있다. 그리고 개원중, 경기여고, 숙명여고, 단대부고, 중대부고 등 학군도 좋다. 북쪽으로는 양재천, 남쪽으로는 구룡산과 대모산이 있어서 조망권도 좋고 친환경적이다. 강남 내에서 '숲세권'을 갖춘 미니 신도시가 바로 개포다.

개포지구는 저층 단지인 개포시영, 개포주공1~4단지와 중층 단지인 개포주공5~8단지를 중심으로 이루어져 있다. 용적률이 80% 수준인 저층 재건축 아파트 개포시영, 개포주공1~4단지 중에서 조

<그림12> 개포주공1단지를 재건축하는 디에이치퍼스티어아이파크

출처: 개포1단지재건축조합

합장 문제가 있는 개포주공1단지, 착공을 준비하고 있는 개포주공 4단지를 제외한 나머지 아파트들은 2019~2020년까지 순차적으로 입주했다.

개포지구에서 가장 규모가 큰 단지는 개포주공1단지(1982년 입주, 5,040가구, 용적률 68%)다. 이곳은 조합장 문제 때문에 재건축이 주춤했지만, 새 조합장이 선출되면서 속도를 내고 있다. 디에이치퍼스티어아이파크라는 이름의 6,702세대 대단지 아파트로 2024년 입주를 앞두고 있다.

1982년에 입주를 한 2,840세대, 용적률 80%의 개포주공4단지는 3,375세대 개포프레지던스자이라는 새로운 이름으로 재건축을 진

<그림13> 개포지구 일대의 아파트

행 중이며 2023년에 입주할 예정이다.

개포주공5~7단지 역시 재건축을 추진하고는 있지만, 아직 초기 단계로 상당한 시간이 필요하다. 그럼에도 입지가 좋고 중층 아파트치고는 용적률이 낮아서 재건축에 대한 기대감을 충분히 가질 만하다.

디에이치자이개포(개포주공8단지) 옆에 있는 일원동 개포한신은 개포우성7단지, 개포현대4차와 함께 합동으로 재건축을 추진했다. 하지만 재건축 연한과 속도가 맞지 않아서 단독으로 조합설립인가를 확정받고, 489가구로 재건축이 추진되고 있다. 그렇게 되면 개포우성7단지와 개포현대4차가 향후에 같이 재건축이 추진될 것 같다. 1983년에 입주한 110세대의 개포대우는 규모는 작지만 저층에다 용적률이 93%로 낮아서 184세대 디에이치포레스트라는 이름으로 2021년에 완공되었다.

그 외 양재천 주변의 자연친화적인 개포우성8차와 개포현대3차는 통합 재건축을 추진 중이다. 개포경남, 개포우성3차, 개포현대1차의 3개 단지도 3천 세대 규모로 통합 재건축을 추진 중이다. 개포현대2차도 재건축 사업을 추진 중이지만 초기 단계로 아직 넘어야 할 산이 많다.

<표14> 개포지구 일대의 주요 아파트

지역	동	아파트	입주연도	세대 수	비고
강남	개포	개포래미안포레스트	2020년	2,296	재건축(개포시영)
		디에이치퍼스티어아이파크	2024년	6,702	재건축(개포주공1)
		래미안블레스티지	2019년	1,957	재건축(개포주공2)
		디에이치아너힐즈	2019년	1,320	재건축(개포주공3)
		개포프레지던스자이	2023년	3,375	재건축(개포주공4)
		개포주공5단지	1983년	940	용적률 151%
		개포주공6단지	1983년	1,060	용적률 151%
		개포주공7단지	1983년	900	용적률 145%
		대치2단지	1992년	1,758	용적률 174%
		대청	1992년	822	용적률 182%
		개포경남	1984년	678	용적률 175%
		개포현대1차	1984년	416	용적률 179%
		개포현대2차	1986년	558	용적률 156%
		개포현대3차	1986년	198	용적률 147%
		개포우성3차	1984년	405	용적률 178%
		개포우성8차	1987년	261	용적률 192%
	일원	디에이치자이개포	2021년	1,996	재건축(개포주공8)
		개포우성7차	1987년	802	용적률 157%
		개포현대4차	1987년	142	용적률 199%
		개포한신	1984년	364	용적률 179%
		디에이치포레센트	2021년	184	재건축(일원대우)
		래미안개포루체하임	2018년	850	재건축(일원현대)

07

MICE개발의
삼성동과 잠실

MICE개발과 교통의 요지인 강남 삼성동과 송파 잠실동 일대는
앞으로도 최고 자리의 명성을 이어갈 것으로 기대되는 곳이다.

2018년 박원순 전 서울시장은 서울의 5개 권역을 특성에 맞춰서 개발하겠다고 발표했다. 서울의 도심권(종로, 동대문)은 글로벌 도심 창조경제 중심지, 동북권(창동, 상계)은 미래성장동력 연구 및 교육 중심지, 서북권(상암DMC)은 창조 및 문화산업 혁신기지, 동남권(삼성, 잠실)은 국제교류복합단지, 서남권(마곡, 구로)은 경제성장거점으로 육성하겠다는 것이다. 이 중에서 가장 개발 규모가 크고 부동산 시장에 파급 효과가 큰 곳이 있다. 바로 강남구 삼성동과 송파구 잠실동 일대로, 동남권 국제교류복합단지 개발사업이다.

국제교류업무지구 사업은 현 코엑스~GBC(현대자동차 글로벌비즈니스센터, 구 한전 부지)~서울의료원 부지~잠실운동장 일대를 묶

어서 국제업무와 관광을 한곳에서 가능하도록 하는 사업이다. 이를 마이스(MICE; Meeting·Incentives·Convention·Event&Exhibition) 개발사업이라 한다. 개발 면적이 용산국제업무지구 56만m²보다 큰 72만m²이고, 100층 이상의 빌딩 건설이 가능하도록 계획했다.

오세훈 서울시장의 역점개발사업이었던 한강르네상스가 박원순 시장으로 바뀌면서 무산되었듯이 서울 5개 권역 개발 및 MICE개발은 다시 오세훈 시장으로 바뀌면서 무산될 것이라 점쳐졌다. 하지만 예상을 뒤엎고 2021년 5월 서울시의회에서 '잠실 스포츠·마이스 복합공간조성 민간투자사업 지정 및 제3자 제안 공고(안)'가 통과되었다. 계획대로 추진된다면 2023년에 착공에 들어갈 계획이다. 총 사업비 2조 2,280억 원으로 민간이 40년간 운영하게 된다.

박원순 전 서울시장의 핵심개발사업이었다는 점에서 서울시의회가 적극적으로 추진을 했다. 또 과거 변두리 땅이었던 잠실에 개발한 올림픽경기장이 세월이 지나 잠실이 강남의 중심지가 되었다. 오세훈 서울시장 입장에서는 강남 중심지에 있는 노후화된 시설물을 개발하는 MICE사업을 반대할 이유가 없어졌다.

강남 삼성동과 송파 잠실동 일대는 MICE국제교류업무지구 개발사업뿐만 아니라 영동대로 지하화 및 복합환승센터를 개발하는 영동대로 복합환승센터 개발사업도 진행되고 있다. 영동대로 지하화사업 및 광역복합환승센터사업은 2027년까지 서울 강남구 삼성역사거리(2호선 삼성역)와 코엑스사거리(9호선 봉은사역) 사이 영동대로 600m 구간이 지하화되고, 지상에 1만 8천m²의 대규모 녹지광장이 조성된다. 지금도 지하철 2·7·9호선이 지나는 이 지역의 지하 복합환승센터에 3개 노선(GTX-A·GTX-C·위례신사선)이 연결될 예정이니 교통 여건이 가히 최상이다.

교통뿐만 아니라 코엑스, GBC를 통해 입체적인 도시경관이 만들어질 예정이다. 명실상부한 교통과 경제의 중심지로, 반포지구와 함께 또 하나의 부촌이 되리라 생각한다.

한강변이라는 천혜의 입지와 2호선·7호선·9호선이 자리한 교통의 요지, 코엑스부터 잠실운동장까지 개발되는 MICE개발, 영동대로 복합환승센터 개발로 인해 삼성동과 잠실 일대의 아파트는 신고가 행진이 이어지고 있다. 한강변 청담한양을 재건축한 청담자이는 2021년 3.3m²당 1억 원에 육박할 만큼, 반포 아파트에 견주어도 결코 뒤처지지 않는다.

청담자이의 뒤를 따라 청담삼익(1980년 입주, 888세대)도 1,230세대의 롯데캐슬로 재건축이 진행되고 있다. 향후 재건축이 성공적으로 완료되면 청담삼익 역시 한강변에 자리한 명품 아파트로 거듭날 것이다. 청담동과 삼성동을 걸치고 있는 진흥아파트와 삼성동 홍실아파트 역시 아직은 시간이 더 필요하겠지만, 교통과 입지 면에서 미래가치가 높다고 할 수 있겠다.

청담동과 삼성동 아파트들은 올림픽대로와 영동대로 지하화까지 진행되면 더욱 날개를 달 것으로 기대가 된다. 삼성동 풍림아파트는 필자의 예상보다 가치가 더 높이 상승한 아파트다. 아파트 자체만 보면 재건축 가능성도 없고 세대 수도 많지 않아서 평범해 보이는데, 지하철 9호선과 삼성동 개발호재의 힘을 받아서 엄청나게 상승했다. 2014년 전용 59m²(일반 25평)가 5억 원 초반이었는데 2021년 6월 기준으로 18억 원을 넘기고 있다. 재건축 가능성도 없고 세대 수가 적은데도 가격이 올라가는 이유는 바로 삼성동의 힘 때문이다.

상아2차를 재건축해서 2021년에 입주한 래미안라클래시와 상아3차를 재건축한 삼성센트럴아이파크, 삼성힐스테이트1차와 2차까지 삼성동의 고급 커뮤니티 라인이 형성되었다. 2015년에 상아2차를 계속 보유해야 하는지 고민하는 고객에게 계속 보유하라는 상담을 했던 기억이 난다. 그만큼 삼성동 일대의 아파트는 보유 가치가 높다.

삼성동과 탄천을 끼고 마주하고 있는 잠실은 9호선 연장과 함께 노후화된 아파트들이 재건축되면서 강남3구에 당당하게 이름을 올렸고, 지금도 재건축을 추진하는 단지들이 대기 중이어서 앞으로가 더 기대된다.

2007~2008년 잠실주공1~4단지와 잠실시영이 재건축되면서 잠실엘스(잠실주공1), 리센츠(잠실주공2), 트리지움(잠실주공3), 레이크팰리스(잠실주공4), 파크리오(잠실시영), 이렇게 약 2만 세대의 미니 신도시가 만들어졌다. 입주 당시에 워낙 대규모 물량이다 보니 역전

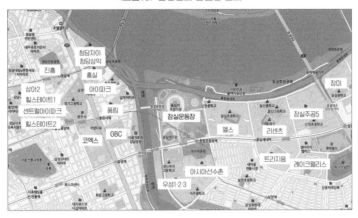

〈그림15〉 삼성동과 잠실동 일대

세난까지 생겨 몸살을 앓기도 했지만 좋은 입지가 어디 가겠는가. 1년 정도 지나서 입주물량이 어느 정도 소화되자 언제 그랬냐는 듯이 전세가격과 매매가격 모두 상승했다. 2011~2013년 부동산 시장 침체로 가격이 바닥을 치면서 전용면적 84m²(일반 34평) 시세가 9억 원 이하로 떨어지기도 했지만, 시장 분위기가 회복되면서 2021년 6월 기준으로 24억 원 이상으로 가격이 형성되어 있다.

미래의 잠실을 대표할 랜드마크 아파트는 단연 잠실주공5단지다. 잠실주공5단지 재건축 사업은 아직 넘어야 할 산이 있고 긴 시간이 필요하다 다만 3,930세대의 재건축 사업이 완료되면 6,401세대의 미니 신도시가 잠실 중심에 만들어질 것이다. 그런데 문제는 서울시의 과도한 개입 때문에 단지 설계를 놓고 조합원 간에 대립이 깊어지고 있다는 점이다. 그래서 당초 예상했던 2023년보다는 입주 시기가 많이 늦어질 것 같다.

잠실주공5단지와 함께 개발 기대가 높은 잠실우성1·2·3차는 재건축이 추진되고는 있지만, 본격적인 궤도에 올라서지는 못하고 있다. 1980년대 개발 당시, 보기 드물게 중대형 아파트로 개발된 아시아선수촌아파트는 한때 방이동 올림픽선수기자촌, 문정동 올림픽훼밀리타운과 함께 잠실에서 인기 있는 아파트 삼총사로 손꼽힌 곳이다. 아직까지는 재건축이 본격적으로 추진되지는 않지만, 재건축 기대감이 매우 높아서 장기적으로 유망한 아파트들이다.

잠실주공5단지의 동쪽 한강변을 따라 장미1~3차, 미성, 크로바, 진주 등의 아파트들이 재건축이 진행되고 있거나 추진 중에 있다. 가락시영을 재건축한 9,510세대의 헬리오시티가 2019년 입주를 하면서 송파의 가치는 한 단계 업그레이드되었다.

송파구는 언급한 아파트 외에도 송파한양 등 재건축을 진행하고 있거나 추진 중인 아파트 단지들이 제법 있다. 재건축으로 인한 상승 압력이 높은 지역이 바로 송파다. 송파구 아파트 단지들의 재건축 이야기는 3부에서 다시 살펴보도록 하겠다.

<표16> 삼성동과 잠실 일대의 대표적인 아파트

지역	동	아파트	입주연도	세대 수	비고
강남구	청담	청담자이	2012년	708	재건축 완료(청담한양)
		청담삼익	1980년	888	재건축 중
		진흥	1984년	375	재건축 추진
	삼성	홍실	1981년	384	재건축 추진
		아이파크삼성	2004년	449	
		풍림1차	1998년	252	
		래미안라클래시	2021년	679	재건축 완료(상아2)
		삼성힐스테이트1단지	2008년	1,144	재건축 완료(AID)
		삼성센트럴아이파크	2018년	416	재건축 완료(상아3)
		삼성힐스테이트2단지	2008년	926	재건축 완료(AID)
송파구	잠실	잠실엘스	2008년	5,678	재건축 완료(잠실주공1)
		리센츠	2008년	5,563	재건축 완료(잠실주공2)
		트리지움	2007년	3,696	재건축 완료(잠실주공3)
		레이크팰리스	2006년	2,678	재건축 완료(잠실주공4)
		잠실주공5단지	1978년	3,930	재건축 중
		우성1·2·3차	1981년	1,842	재건축 추진
		아시아선수촌	1986년	1,356	재건축 기대

08

여의도,
다시 여의주를 품을까?

강남, 용산과 함께 서울 제3의 도심인 여의도.
노후화로 침체된 여의도가 다시 옛 영광을 찾을 수 있을까?

여의도 MBC 방송국 부지에 오피스텔과 주상복합 시설이 개발되고 있다는 소식을 접하고서 잠시나마 옛 생각에 잠겼다. 여의도는 필자에게 추억이 많은 곳이다. 초등학교 시절에 지방에서 서울로 유학을 간 친척 형들이 여의도에 거주하고 있었다. 지금이야 미국이나 캐나다 등으로 유학을 가지만, 1970~1980년대에는 지방에서 서울로 유학을 가는 것이 유행이었다.

봄 방학을 맞아서 당시 지방에 살던 필자의 첫 서울 구경지가 바로 여의도였다. 63빌딩과 LG트윈타워, 지하철 5호선이 공사 중이었다. 당시 여의도광장(현 여의도공원)에서 롤러스케이트를 타다가 미그19기 귀순 사건으로 비상이 걸리기도 했지만, 철없던 초등학생에게는 사이렌 소리마저도 즐겁기만 했다. 또 연예인을 보려고 MBC 방송국 주변을 서성였던 기억도 난다. 그래서 지금도 여의도만 가면 추억에 잠겨서 저절로 미소가 지어진다.

한강에 둘러싸인 840만m²의 여의도는 한때 비행장으로 사용되었다. 그러다가 1970년대 대규모로 아파트와 업무시설이 들어서면서 지금의 강남처럼 '핫한' 지역으로 변모했다. 믿거나 말거나 같은 이야기지만 '간첩 잡아서 여의도에 아파트 사자'라는 구호가 군부대에 붙어 있을 정도였다고 하니, 당시의 분위기를 읽을 수 있다.

여의도는 한때 국회와 방송국이 있고 고층 빌딩의 상업시설과 대단지 아파트들의 주거시설이 어우러진 신흥 부촌이었다. 그러다가 시간이 지나면서 경쟁력이 다소 떨어지는 지역이 되고 말았다. 지하철 9호선이 연장되고 금융업종 시설이 자리를 잡으면서 교통과 비즈니스 지역으로 변모했다. 그런데 MBC가 상암으로 이전했고 63빌딩의 명성은 잠실 롯데월드타워에 빼앗겼다. 무엇보다 학원가와 대형마트 등 편의시설이 제대로 형성되지 않아서 거주 수요가 목동으로 이동해버렸다.

강남의 반포, 대치, 역삼, 잠실 등은 대규모 재건축 사업으로 도시의 경쟁력을 회복하고 있으나 여의도의 아파트는 노후화 문제가 심각함에도 재건축 사업이 지지부진하다. 주거지면 주거지, 상업지면 상업지 하나에 집중해서 규모를 키우면서 개발을 했다면 더 좋았을 것이라는 아쉬움이 남는다.

63빌딩 옆에 라이프빌딩 터를 개발한 여의도금호리첸시아, 백조아파트와 미주아파트를 재건축한 롯데캐슬엠파이어, 롯데캐슬아이비 등을 제외하면, 여의도 대부분의 아파트들은 1970년대에 지어져서 노후화가 심한 편이다.

여의도 아파트들은 재건축이 되었어야 했다. 개포, 반포 등 서민아파트와 달리, 여의도는 정부가 관심을 갖고 개발하면서 인기가 높았던 곳인데 오히려 잘 지은 아파트 때문에 재건축의 걸림돌이 되고 있다. 건물이 오래될수록 안전에 문제가 생기는데, 이곳은 아파트를 '너무 잘 지은' 덕분에 재건축 사업의 초기 단계인 안전진단 단계에서부터 문제가 되고 있다.

다른 지역의 오래된 아파트들에 비해 용적률이 상대적으로 높아서 재건축 사업성 역시 낮다. 또한 재건축을 하더라도 주거 편의시설이 부족해서 고급 커뮤니티를 형성하는 데도 걸림돌이 되고 있다. 결국 여의도 재건축은 시행될 듯하면서도 속도를 내지 못하고 있다.

여의도 아파트 16개 단지 7,746세대 중에서 서울·수정·초원·공작아파트는 용도지역이 주거지역이 아닌 상업지역이다. 따라서 다른 주거지역에 위치한 아파트보다 재건축이 다소 유리한 편이다. 시범과 삼부아파트는 안전진단을 통과했고 용적률이 낮으며 지분율도 좋아서 재건축 기대감이 높은 단지다. 삼부는 역 접근성에서, 시범은 1,790세대라는 대단지 면에서 우위가 있다. 미성과 광장아

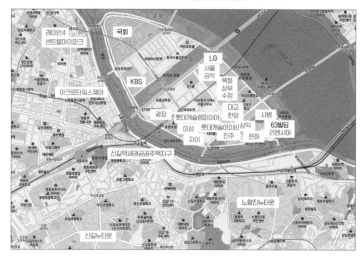

<그림17> 여의도 일대의 아파트

파트는 5호선과 9호선이 지나는 역세권이라는 데 장점이 있고, 목
화아파트는 5호선과 한강이 가깝다는 장점이 있다. 다만 안전진단
을 통과하지 못해서 재건축을 하기에는 시간이 필요할 것으로 보
인다.

여의도처럼 매력적인 지역이 서울에 또 있을까? 여의도는 한강
으로 둘러싸여 있고 골드라인인 9호선이 지나 강서부터 강남, 강동
까지 연결된다. 게다가 5호선으로 광화문까지 연결된다. 2013년에
발표한 '2030서울도시기본계획'을 보면 영등포·여의도, 강남, 도심
(광화문·서울역)을 3도심으로 규정하고 있다. 서울 3대 도심의 한 축
인 여의도는 강남과 광화문과도 유기적으로 연결되어 있고, 금융
허브의 업무 시설도 자리를 잘 잡고 있다. 어중간한 주거지역의 아

파트들과 상업지역 일부가 재건축이 빠르게 진행되지 않고 서울 집값 문제로 보류 상태이기는 하나, 서울시에서 계획했던 마스터플랜처럼 대규모 개발 계획이 발표되면 여의도는 다시 여의주를 품을 기회가 생길 수 있다.

2021년 4월 선거에서 오세훈 서울시장으로 바뀌면서 한강르네상스 시즌2가 다시 시작될 가능성이 높아졌다. 입지의 우월성을 감안하면 여의도 개발 프로젝트는 다시 시작될 것이다. 2018년 여름, 서울 집값 상승의 기폭제는 당시 서울시장이던 박원순 전 시장이었다. 그가 여의도 마스터플랜 발언을 함으로써 시작된 셈이다.

박원순 전 서울시장이 여의도를 개발하는 마스터플랜을 언급하자 인기 지역인 강남 4구와 마용성(마포·용산·성수)뿐만 아니라, 동대문, 노량진 등 그동안 아파트 가격 상승을 주도하지 않았던 지역의 아파트 가격이 3개월 만에 20~30% 이상 급등했다. 그만큼 여의도의 힘이 크다는 것을 볼 수 있다.

여의도 마스터플랜은 노후화 문제가 심각한 여의도 아파트를 개별 재건축하겠다는 것이 아니라, 국제금융업무 중심지와 주거지가 어우러진 신도시급 재개발을 하겠다는 계획이다. 여의도를 개별로 재건축하는 것이 아니라 통째로 재개발해서 국제금융업무 중심지와 주거지가 어우러진 신도시급으로 변모시키겠다는 것이다. 이것이 마스터플랜의 핵심이다.

2018년 당시 급등하는 서울 집값에 놀란 정부는 마스터플랜을

<그림18> 여의도 마스터플랜 조감도

출처: 서울시

보류하기는 했지만 취소되거나 완전히 무산된 것은 아니다. 여의
도는 대대적인 정비가 필요한 지역이기 때문에 부동산 시장이 안
정을 되찾으면 마스터플랜과 같은 대규모 정비사업 혹은 각 단지
별로 개별 정비사업이 진행될 것이다. 결국 어떤 식으로든 정비개
발사업이 진행될 것이다.

오세훈 서울시장이 박원순 전 서울시장이 추진하던 여의도 마스
터플랜을 그대로 추진할지는 지켜봐야 할 것이다. 다만 재건축·재
개발 정비사업의 규제 완화를 말하고 있고, 과거 서울시장 시절에
한강르네상스를 추진하면서 여의도를 압구정과 함께 전략정비구
역으로 지정했기 때문에 마스터플랜이 아니더라도 이에 버금가는
개발 프로젝트를 시작할 것이다. 혹은 시범단지를 시작으로 각 단

지별 고층 재건축 사업을 진행할 가능성이 있다.

서울의 부동산 시장이 안정을 찾으면 서울시에서는 여의도 마스터플랜 계획을 더 다듬어서 여의도 개발 계획을 세울 것이다. 여의주를 품은 곳이 바로 〈표19〉에 제시된 아파트들이다.

2호선과 9호선이 지나는 더블역세권인 당산역 주변을 살펴보자. 당산래미안과 상아아파트를 재건축한 당산센트럴아이파크를 비롯해, 재건축이 추진되고 있는 유원제일2차, 영등포뉴타운 재개발 아파트인 아크로타워스퀘어 등도 여의도 개발 수혜 단지에 포함될 수 있다.

<표19> 여의도의 주요 아파트

지역	동	아파트	입주연도	세대 수	비고
영등포	여의도	시범	1971년	1,584	재건축 추진
		삼익	1974년	360	재건축 추진
		은하맨숀	1974년	360	재건축 추진
		장미	1978년	196	재건축 추진
		화랑	1977년	160	재건축 추진
		대교	1975년	576	재건축 추진
		한양	1975년	588	재건축 추진
		목화	1977년	312	재건축 추진
		삼부	1975년	866	재건축 추진
		수정	1976년	329	재건축 추진
		서울	1976년	192	재건축 추진
		공작	1976년	373	재건축 추진
		광장	1978년	744	재건축 추진
		미성	1978년	577	재건축 추진
		진주	1977년	376	재건축 추진
		여의도자이	2008년	580	재건축 완료(한성)
		롯데캐슬엠파이어	2005년	406	재건축 완료(백조)
		롯데캐슬아이비	2005년	445	재건축 완료(미주)
		여의도금호리첸시아	2003년	248	라이프빌딩 개발
	당산	당산삼성래미안	2003년	1,391	
		당산센트럴아이파크	2020년	802	재건축 중(상아)
		유원제일2차	1984년	410	재건축 추진
	영등포	아크로타워스퀘어	2017년	1,221	영등포뉴타운

09

미래가 밝은 서울의 중심,
용산

역사와 전통이 살아 있는 서울의 중심인 용산이 새롭게 거듭나고 있다.
용산민족공원, 국제업무지구 개발, 마스터플랜까지 용산의 미래는 밝다.

용산은 보면 볼수록 매력이 많은 지역이다. 강남에서는 보기 어려운 역사와 전통이 있고, 강남 못지않은 고층 빌딩도 있으며 미래 가치도 높기 때문이다. 여의도와 함께 서울 마스터플랜의 또 다른 주인공이 바로 용산이다.

박원순 전 서울시장의 용산 마스터플랜은 용산과 서울역 철도구간을 지하화하면서 회의, 관광, 전시시설과 쇼핑센터를 건립하는 MICE개발을 하겠다는 계획이었다. 용산은 교통의 요충지이자 용산민족공원, 한강로 개발 등 개발호재가 많은 지역이다. 그런 만큼 도시의 맥을 끊으면서 개발도 저해하는 서울역과 용산의 지상 철도구간을 지하화하는 마스터플랜과 같은 사업은 반드시 필요하다.

오세훈 서울시장 역시 마스터플랜이라는 이름보다는 한강르네상스 시즌2 같은 새로운 정비개발 프로젝트로, 여의도와 용산을 전면적으로 개발할 가능성이 있다. 서울의 3대 도심인 여의도와 용산을 개발한다는 소식보다 더 좋은 개발호재가 어디 있겠는가?

2018년 7월, 당시 박원순 서울시장의 여의도·용산 마스터플랜 발언 이후 서울의 집값은 그야말로 미친 듯이 폭등했다. 물론 서울 집값을 자극할 의도는 아니었을 것이다. 낙후된 서울 도심을 개발해야 하는 것은 도시 균형 발전과 미관 차원에서 당연히 해야 할 일이었다. 하지만 서울시장이 부동산 시장을 자극하는 결과가 되어버렸고, 집값을 상승시킨 원인을 제공했다는 비판 때문에 박원순 전 서울시장은 보류 선언을 할 수밖에 없었다.

여의도 같은 경우에는 정부의 적극적인 협조가 없어도 서울시에서 개발할 수 있겠지만, 용산은 서울역과 용산역 구간의 지상철을 지하화해야 하는 문제가 있으므로 정부의 협조가 반드시 필요하다. 따라서 2022년 대통령 선거와 지방자치단체장 선거가 지나야 본격적인 그림이 그려질 것이다.

2018년 11월, 용산 미군기지 내 주요 장소를 버스로 둘러보는 용산기지 버스투어가 있었다. 114년 만에 우리의 품으로 돌아온 용산 미군기지. 265만 5천m²(약 80만 평)에 달하는 거대한 땅에 공원이 조성될 계획이다.

용산은 예부터 전략적 요충지이자 우리 역사의 아픔이 서린 곳이다. 남산과 한강이 이어지는 서울 한복판에 위치한 곳으로, 평지가 많고 한강 물길이 닿는 교통의 요지이기도 하다. 그래서 13세기 말, 몽골군이 침략한 뒤 일본을 정벌하기 위해 용산에 병참기지를 두었다. 임진왜란과 을미사변 때는 왜군이, 병자호란과 임오군란 때는 청나라 군대가 용산에 진을 치기도 했다.

용산의 본격적인 군 기지화는 1904년 러일전쟁 당시, 일본이 조선주차군사령부의 주둔지로 사용하면서 일반인의 출입이 금지되었다. 그리고 6·25전쟁 이후 우리 정부가 미군에게 용산 땅을 빌려주고는 지금까지 이어지고 있다.

2004년 용산기지 이전에 합의하면서 국가공원 조성방안이 추진되었고, 미8군 사령부가 평택으로 이전하면서 '금단의 땅' 용산의 문이 열렸다. 2007년 용산공원 조성 특별법이 제정되었고, 뉴욕의 센트럴파크(341만㎡)에 버금가는 243만㎡ 규모의 용산민족공원이 조성될 계획이다.

서울의 집값이 계속 오르자 '용산민족공원 부지에 대규모 임대 아파트를 공급하자'는 목소리도 들리지만, 현실적으로 임대 아파트를 건축할 가능성은 낮다. 서울시와 정부가 부정적인 입장인 데다 임대 아파트를 짓는다 해도 서울의 주택문제가 해결된다는 보장이 없기 때문이다. 설사 임대 아파트가 개발된다고 해도 '누구는 당첨되고 누구는 안 되는' 형평성의 문제 때문에 어렵다. 용산 미군기지 땅은 자격 요건에 따라 혜택을 보는 '배제성'과 경쟁에 따

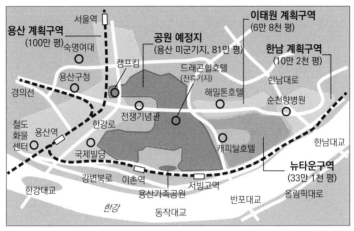

<그림20> 용산 마스터플랜

용산 계획구역
(100만 평)

서울역

숙명여대

캠프킴

용산구청

경의선

전쟁기념관

철도
화물
센터

용산역

한강로

국제빌딩

강변북로

이촌역

서빙고역

한강대교

용산가족공원

한강

동작대교

공원 예정지
(용산 미군기지, 81만 평)

드래곤힐호텔
(잔류기지)

해밀톤호텔

이태원 계획구역
(6만 8천 평)

한남 계획구역
(10만 2천 평)

한남대로

순천향병원

캐피탈호텔

한남대교

반포대교

뉴타운구역
(33만 1천 평)

올림픽대로

라 이득을 보는 '경합성'이 적용되지 않는 대한민국 국민이라면, 누구든지 동일한 혜택을 볼 수 있는 공공재로 개발되는 것이 맞다.

역사와 문화를 계승하고 대규모 생태공원으로 개발될 용산민족공원은 서울의 대표 녹지공간으로 자리를 잡으면서 서울시의 경쟁력도 한 단계 업그레이드될 것이다.

용산은 KTX와 지하철 1·4·6호선·공항철도·경의중앙선 이용이 가능한 교통의 요지다. 용산민족공원 개발과 공원 왼편의 한강로 정비사업, 오른편에 위치한 한남뉴타운 개발, 여기에 개발 마스터플랜과 같은 대규모 개발사업으로 서울역과 용산역 지상 구간이 지하화되면서 정비까지 이루어지면, 현재와는 또 다른 용산을 보게 될 것이다.

1부 핵심 프레임 지역은 강하다

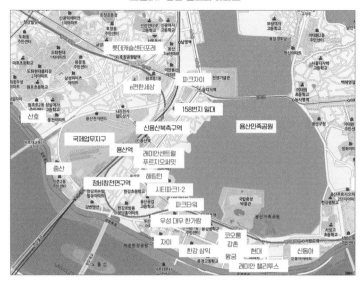

<그림21> 용산 일대의 아파트

　용산의 부촌은 이촌동과 한강로 지역이다. 이촌동에는 외인아파트를 재건축해 2003년에 입주한 LG한강자이와 렉스아파트를 재건축해 2015년에 입주한 래미안첼리투스가 대표적인 아파트로 언급된다. 한강맨션(1971년, 660세대)은 2018년에 건축심의가 통과되면서 재건축 기대감이 높아졌지만, 2019년 조합장 교체 및 어린이 놀이터에 문제가 생기면서 지지부진하다가 사업시행계획인가를 준비하는 등 다시 속도를 내고 있다. 한강삼익, 왕궁아파트도 재건축을 추진하고 있다. 이촌현대(용적률 210%), 신동아(용적률 196%)는 재건축을 추진하기에는 다소 높은 용적률 때문에 빠른 속도를 내지 못하고, 이촌현대는 리모델링을 추진하고 있다.

이촌역과 국립중앙박물관 접근성이 좋은 이촌코오롱, 한가람, 강촌, 한강대우는 구도심인 용산에서 보기 힘든 아파트 단지가 모여 있어서 인기가 높다. 다만 용적률이 300%가 넘는 점을 감안하면 향후 재건축의 가능성이 높아 보이지는 않는다. 물론 입지가 좋아서 일대일 재건축이나 리모델링 사업을 추진할 가능성은 남아 있다.

한강로에서는 고층 주상복합 건물이 눈에 띈다. 용산시티파크, 파크타워는 2004년 분양 당시에 미군기지 이전이 확정되면서 민족공원과 국제업무지구 개발 기대감까지 더해져서 선풍적인 인기를 끌었다. 국제업무지구 개발이 무산되면서 부동산 시장 침체와 맞물려 가격이 롤러코스터를 타기도 했지만, 최근 부동산 시장 상승에 힘입어 가격을 회복했다.

1,140세대인 센트럴파크해링턴스퀘어가 2020년에 입주했고 용산푸르지오써밋(용산역 전면2구역 재개발)과 래미안용산더센트럴(용산역 전면3구역 재개발)이 2017년에 입주했다.

또한 용산국제빌딩1구역에 아모레퍼시픽 신사옥이 건립되면서 용산 한강로 일대는 천지개벽을 준비하고 있다. 시간은 걸리겠지만 한강로 도시환경정비사업(158번지 일대, 신용산북측1·2구역, 정비창 전면1·2·3구역)과 한남뉴타운(1~5구역)까지 개발이 완료되고 용산역 일대 국제업무지구까지 개발이 추진되면, 용산은 현재와 전혀 다른 모습으로 거듭날 것이다. 여러 변수들이 많기는 하지만 용산의

출처: 서울시

입지를 감안하면 시간은 용산의 편이다.

용산업무지구 부근 원효대교 북서측 한강변에 위치한 산호아파트도 재건축 시동이 걸렸다. 2021년 4월, 서울시 건축위원회에서 산호아파트 재건축사업 특별건축구역 건축계획안이 통과되면서 최고 35층, 647세대의 새 아파트 건축이 가능해졌다.

한편 이촌동 시범중산아파트는 1970년에 지어졌음에도 재건축이 되지 않고 있다. 그 이유는 토지는 서울시가 소유하고, 건물은 개인이 소유하는 구조여서 그렇다. 우수한 입지 때문에 여러 차례 재건축이 추진되었지만 서울시와의 토지 소유권 문제와 조합 간의 갈등으로 재건축이 번번이 무산되었다. 주택을 지을 땅도 부족한 서울의 현실에서 시범중산아파트를 이렇게 방치할 수는 없을 것이다. 따라서 시간이 걸리더라도 어떤 식으로든 답을 찾아야 한다.

<표23> 용산 지역의 주요 아파트

지역	동	아파트	입주연도	세대 수	비고
용산	이촌	LG한강자이	2003년	656	재건축 완료(외인)
		왕궁	1974년	250	재건축 추진
		한강맨션	1971년	660	재건축 중
		삼익	1979년	252	재건축 추진
		래미안첼리투스	2015년	460	재건축 완료(렉스)
		현대맨숀	1974년	653	리모델링 추진
		이촌코오롱	1999년	834	
		건영한가람	1998년	2,036	
		강촌	1998년	1,001	
		한강대우	2000년	834	
		이촌시범중산	1970년	228	용적률 195%
	서빙고	신동아	1984년	1,326	재건축 추진
	한강로	파크타워	2009년	888	
		용산시티파크1단지	2007년	421	
		용산시티파크2단지	2007년	208	
		센트럴파크해링턴스퀘어	2020년	1,140	
		래미안용산더센트럴	2017년	195	재개발 완료(용산3)
		용산푸르지오써밋	2017년	151	재개발 완료(용산2)
		용산파크자이	2005년	310	
	원효로	산호	1977년	554	재건축 추진
	신계	용산e-편산세상	2011년	867	재개발 완료(신계1-1)
	효창	용산롯데캐슬센터포레	2019년	478	재개발 완료(효창5)

10

강남 부럽지 않은
목동

목동은 학군과 학원가가 우수하다. 교육환경의 현재가치뿐만 아니라
용적률이 낮아서 내재가치가 높다. 따라서 재건축의 기대감이 커지는 곳이다.

아파트 시장은 2010~2012년에 침체기를 겪으면서 '악' 소리가
날 정도로 하락했다. 그러다가 2015년 이후 서울의 아파트 시장이
본격적으로 상승하면서 목동은 그야말로 날개를 달았다. 특히 목동
아파트 시장은 2018년 박원순 전 서울시장의 여의도 마스터플랜
발언 이후, 여의도 재개발의 이주수요 유입과 여의도 개발에 대한
기대감으로 탄력을 받았다. 게다가 2021년 오세훈 서울시장의 재건
축 규제 완화 발언으로 다시 한번 신고가 행진을 이어가고 있다.

8학군인 강남 대치동이 교육 1번지라면 7학군인 목동은 교육
2번지다. 강남 못지않게 교육환경이 좋은 곳이 바로 목동이다. 그
러니 집값도 높다. 학원가 등 교육환경만 보면 대치동을 제외하고

'이름값 하는' 반포나 잠실보다 강하다는 평가를 받는 곳이다.

1970년대 영동개발로 탄생한 강남이 서울의 1기 신도시라면 목동은 서울의 2기 신도시다. 강남도 개발되기 전에는 논밭이었던 것처럼, 목동도 별반 다르지 않았다. 목동은 개발되기 전만 해도 여름 장마철에 안양천의 범람으로 상습적으로 침체되던 지역이었다.

물이 차서 들어오는 반궁수(反弓手) 지역은 목동, 망원, 반포, 옥수, 잠실 등이다. 풍수지리적으로 좋은 지역은 아니지만, 1980년대에 한강정비사업을 통해 한강변이 범람하는 일은 없어졌다. 오히려 한강변이라는 희소성 때문에 플러스 요인이 되고 있다. 풍수지리적으로 좋은 지역, 즉 물이 둥글게 감싸고 도는 금성수(金星水) 한강변 지역이 압구정, 용산, 광진 등이다.

한때 상습적인 침수 지역이던 목동이 천지개벽을 할 수 있었던 계기는 무엇일까? 바로 1988년 서울올림픽 때문이다. 올림픽과 별로 상관없어 보이는 지역인데, 왜 그럴까? 과거 베이비붐 세대의 결혼과 출산으로 인구는 증가했고, 직장을 찾으려고 서울로 유입되는 수요가 폭발적으로 증가하면서 주택이 절대적으로 부족해졌다. 따라서 정부는 1980년 택지개발촉진법을 제정해 서울 내에 계획도시를 건설한다. 이때 개발된 곳이 목동을 비롯한 개포, 고덕, 상계, 중계지구 등이다.

서울올림픽에 참여하고자 김포공항으로 입국할 전 세계 선수단과 관계자들이 목동을 지나칠 것을 감안해서 정부는 더욱 신경 써서 목동을 개발했다고 한다. 서울 서남권에 위치한 목동은 처음에는 잘 지어진 베드타운이었다. 그러다가 1990년대에 사교육의 열기가 높아지면서 학원가가 형성되었고, 2000년대부터 SBS, CBS 등 방송 및 비즈니스 시설, 현대백화점 등 고급 편의시설이 들어서면서 점차 변모되었다. 게다가 강남의 타워팰리스가 고급 주상복합 바람을 일으키면서 목동의 하이페리온이 성공적으로 자리를 잡았다. 그러자 목동은 강남 못지않은 학군과 편의시설을 갖춘 서남권의 대표 지역이 되었다.

1980년대까지만 하더라도 목동이 여의도를 넘어서지는 못했다. 당시 여의도는 국회의사당, 방송국, 63빌딩과 LG트윈타워 등 비즈니스 시설을 갖춤으로써 강남보다 더 뜨거운 지역이었다. 하지만 여의도는 2000년대에 들어서면서 제대로 된 학원가를 갖추지 못하자 목동에 조금씩 밀리더니 지금은 비교조차 어려운 상황이 되었다. 목동이 여의도를 넘어선 결정적 계기는 바로 교육환경 때문이다.

목동의 개발 초기를 보면 강남처럼 학군 형성을 위해 강북에 있던 양정고와 진명여고가 이전된다. 그리고 학원가가 탄탄하게 형성되면서 목동, 신정동뿐만 아니라 신월동과 양천구, 강서구, 영등포, 구로, 인천의 교육 수요까지 흡수했다. 이렇게 목동은 서울 서남권 교육을 대표하는 지역이 되었다.

목동에서 가장 유명한 학교는 단연 명덕외고다. 2010년 외국어

고등학교가 전국 선발에서 광역 선발로 바뀌면서 목동 지역 출신의 진학률이 높아졌다. 그러자 목동의 주가는 더 올라갔다. 무엇보다 목동이 반포, 송파, 중계동을 제치고 교육 2번지가 된 것은 중학교 파워 때문이다. 상위 4개 중학교(월촌중·목운중·신목중·목일중)의 특목고 진학 실적이 강남과 비교해도 손색이 없을 정도로 상위권이다.

강남은 대치, 반포, 잠실 등으로 교육 수요가 분산되지만 목동은 양천구뿐만 아니라 강서구, 영등포, 구로, 인천의 수요까지 흡수하면서 서남권의 교육 수요를 독식하고 있다. 강남으로 진입하기에는 부담스럽지만 우수한 교육환경을 접하려는 수요가 목동으로 몰린 것이다.

목동 학원가는 두 군데다. 목동1·2단지 사이에 과목별 소규모 전문학원이 모여 있는 학원가와 목동5·6단지 사이에 특목고 전문학원과 대입입시학원 중심의 대형 학원이 모여 있는 학원가가 있다.

목동신시가지아파트는 1단지부터 14단지까지 있다. 학군에 따라 목동1~6단지를 1구역, 7~14단지를 2구역으로 나누기도 한다. 그러나 학군, 학원가 접근성, 행정구역, 골드라인인 9호선 접근성 등을 감안하면 1~7단지가 8~14단지보다 사람들의 선호도가 높고 가격도 높게 형성되어 있다. 9호선 접근성만 따지면 목동1단지나 청구한신이 더 좋지만 학군과 학원가를 중시하다 보니 그렇다.

현재 목동에서 인기가 높은 아파트는 목동5~7단지다. 특목고 진

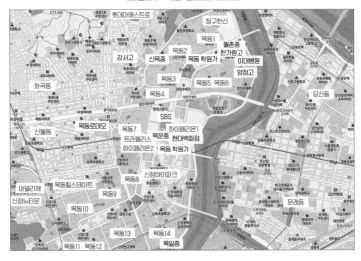

<그림24> 목동 일대의 아파트

학률이 높은 중학교로 배정될 수 있고, 특목고 전문 학원가와도 가깝기 때문이다. 또한 현대백화점, 5호선 목동역과 오목교역 접근성도 좋다. 목동1~4단지 학군도 우수한 편이다. 한편 9호선 접근성은 1·2단지가 더 좋다. 목동8~14단지는 1~7단지보다 다소 약하지만, 이는 상대적인 비교일 뿐 타 지역에 비하면 좋은 환경을 자랑한다.

목동의 가치를 학군과 학원가 등 교육환경이라는 현재가치로만 판단하면 안 된다. 목동신시가지아파트들은 대부분 용적률이 130% 이하(8단지 164%, 13단지 159%)로 낮아서 내재가치가 높다. 게다가 입주연도가 1985~1988년으로 재건축 허용연한인 30년을 넘겼기 때문에 재건축 기대감도 높아 미래가치도 있다.

다만 허용연한이 되고 용적률이 120% 정도 된다고 해도 재건축

<그림25> 목동 학원가와 현대하이페리온 및 트라팰리스

이 빠르게 진행되는 것은 아니다. 강남의 대표적인 재건축 단지인 개포주공1~4단지도 1983년에 안전진단을 통과하고 15년이 지나서야 관리처분인가를 받았기 때문이다.

목동9단지와 11단지가 1차 안전진단을 조건부로 통과하면서 재건축의 기대감이 높아졌다. 하지만 아쉽게도 2차 안전진단에서 탈락하면서 6단지를 제외한 나머지 목동신시가지단지들은 재건축의 문턱을 넘지 못했다. 그런데 오세훈 서울시장이 재건축 규제 완화를 선거공약으로 내걸었고, 상계동과 목동의 안전진단을 빨리 해주겠다고 약속했다. 이에 힘입어 2021년 봄, 부동산 시장의 주역은 상계동과 목동이 되었다. 우수한 교육환경인 현재가치, 낮은 용적률인 내재가치, 규제 완화를 통한 재건축 기대감인 미래가치까지 더해지면서 목동의 아파트들은 신고가 행진을 이어가고 있다. 또한 재건축 단지의 안전진단 통과 시점부터 조합원지위양도금지가 될 수 있다는 발표가 나오면서 안전진단을 통과하지 않은 단지에 투자수요가 유입되고 있다. 앞으로가 더 기대되는 것은 분명하다.

목동이라고 오래된 아파트만 있는 것은 아니다. 목동롯데캐슬마에스트로, 신정동 목동힐스테이트, 목동파크자이, 신정2구역을 재개발한 래미안목동아델리체 등 새 아파트도 있다. 다만 학군은 신시가지아파트들과 차이가 있어서 새 아파트라는 프리미엄이 아니라면, 교육환경과 내재가치까지 높은 신시가지아파트의 선호도가 더 높다.

목동을 고급 주거단지로 한 단계 업그레이드시킨 현대하이페리온과 트라팰리스를 빼놓을 수 없다. 2003년 현대하이페리온1차를 시작으로 2006년 현대하이페리온2차, 2009년 트라팰리스웨스턴에비뉴와 트라팰리스이스턴에비뉴까지 목동 핵심 상권에 고급 주상복합이 들어서면서 목동 아파트의 가격은 하늘 무서운 줄 모르고 치솟았다.

입지가 좋은 고급 주상복합이라 하더라도 실거주가 아닌 투자 대상으로 본다면 고민해봐야 한다. 강남의 타워팰리스가 그렇듯이 목동 현대하이페리온 등 고급 주상복합들도 용적률이 600% 이상이어서 내재가치가 낮기 때문이다. 따라서 재건축·재개발은 현실적으로 어려우므로 고민해볼 필요가 있다.

<표26> 목동 일대의 주요 아파트

지역	동	아파트	입주연도	세대 수	비고
양천	목동	트라팰리스웨스턴에비뉴	2009년	264	용적률 632%
		트라팰리스이스턴에비뉴	2009년	258	용적률 632%
		현대하이페리온1	2003년	466	용적률 817%
		현대하이페리온2	2006년	576	용적률 631%
		목동한신청구	1997년	1,512	용적률 233%
		목동롯데캐슬마에스트로	2019년	410	
		목동신시가지1단지	1985년	1,882	용적률 123%
		목동신시가지2단지	1986년	1,640	용적률 124%
		목동신시가지3단지	1986년	1,588	용적률 122%
		목동신시가지4단지	1986년	1,382	용적률 124%
		목동신시가지5단지	1986년	1,848	용적률 116%
		목동신시가지6단지	1986년	1,368	용적률 139%
		목동신시가지7단지	1986년	2,550	용적률 125%
	신정	목동신시가지8단지	1987년	1,352	용적률 164%
		목동신시가지9단지	1987년	2,030	용적률 133%
		목동신시가지10단지	1987년	2,160	용적률 123%
		목동신시가지11단지	1988년	1,595	용적률 120%
		목동신시가지12단지	1988년	1,860	용적률 119%
		목동신시가지13단지	1987년	2,280	용적률 159%
		목동신시가지14단지	1987년	3,100	용적률 122%
		신정아이파크	2002년	590	용적률 298%
		목동힐스테이트	2016년	1,081	
		목동파크자이	2019년	356	
		래미안목동아델리체	2021년	1,497	재개발(신정2)

종합부동산세

2020년 12월 종합부동산세 고지서를 받고 충격을 받은 분들이 많을 것이다. 2020년 주택분 종합부동산세 대상은 전국 66만 7천 명으로 2019년 52만 명 대비 28.3%, 세액은 42.9%가 늘었다.

집값 과열 명분으로 징벌적 과세를 통해 증세도 하고 주택 보유자도 압박할 수 있으니 정부는 두 마리 토끼를 잡는 묘수라고 생각할 것이다. 하지만 고지서를 받은 당사자들은 억울할 것이다. 집을 살 때 취득세를 냈고 팔 때도 양도소득세를 많이 내야 하는데, 집 값 상승의 주범으로 몰려서 매년 종합부동산세를 내야 하기 때문이다.

종합부동산세는 미실현 이익에 대한 세금이다. 보유하고 있는 집값의 합이 공시가격 6억 원이 넘는다는 이유만으로 수십만 원에서 수천만 원의 세금을 매년 내야 한다. 그렇다고 집값이 떨어져도 돌려주지 않는다. 정부에 월세를 주고 있는 것과 다름없다.

적어도 부동산을 통해 거둬들인 세금만큼은 미래 세대들의 주거 안정을 위해 공공주택 건설에 투명하게 사용되어야 할 것이다. 그리고 기꺼이 부자세금을 내주는 종합부동산세 대상자들에게 고마운 마음이라도 가져야 하는 것이 맞지 않을까?

종합부동산세 폭탄, 이제 시작이다

종합부동산세란 건물 외 토지(종합합산, 별도합산)와 고가주택에 대해서 매년 6월 1일 기준으로 산정하여 12월에 납부해야 하는 세금이다.

매년 6월 1일자 기준으로 인(人)별 주택의 공시가격을 합산한 금액에 6억 원(1세대 1주택은 9억 원에서 상위 2%로 변경 예정)을 공제한 후, 법령이 정한 공정시장가액비율을 곱한 금액을 과세표준으로 해 세율을 곱해서 계산한다.

종합부동산세를 결정하는 공시가격과 공정시장가액비율, 종합

주택 종합부동산세 계산 방법

구분	계산
종합부동산세	과세표준×종합부동산세율-누진공제
과세표준	(공시가격-공제금액)×공정시장가액비율
공제금액	6억 원(1세대 1주택은 9억 원에서 상위 2%로 변경 예정)
공정시장가액비율	2021년 95%(2022년까지 100%)
세부담 상한	전년 재산세+종합부동산세 세액 150%(중과 300%)

과세표준	세율	
	일반	중과
3억 원 이하	0.6%	1.2%
3억~6억 원	0.8%	1.6%
6억~12억 원	1.2%	2.2%
12억~50억 원	1.6%	3.6%
50억~94억 원	2.2%	5.0%
94억 원 초과	3.0%	6.0%
세부담 상한	150%	300%

부동산 세율, 세부담 상한이 모두 오르기 때문에 종합부동산세는 2022년까지 점점 더 오를 것이다. 공시가격 현실화라는 명분으로 공시가격이 시세보다 더 오른 곳들이 많고, 원래 80%였던 공정시장가액비율은 2021년 95%, 2022년 100%까지 오른다.

세율도 더 많이 올라서 2020년 0.5~2.7%이던 세율이 2021년에는 0.6~3.0%로 오르고, 중과대상(3주택 이상+조정대상지역 2주택)은 0.6~3.2%에서 2021년 1.2~6.0%로 2배 정도 상승한다.

종합부동산세를 줄이는 방법

1) 인별과세

노무현 정부 시절에는 합산과세였다가 위헌 판결이 나면서 인별과세가 되었다. 합산과세는 주택을 남편 1채, 아내 1채 가지고 있으면 합산해서 2주택으로 계산하는 것이고, 인별과세는 남편 1주택, 아내 1주택으로 계산하는 것이다.

예를 들어 공시가격 기준으로 남편이 5억 원, 아내가 5억 원인 주택을 가지고 있는 경우 합산과세를 하면 공시가격 10억 원이 되어서 종합부동산세 과세대상이 되지만, 인별과세를 하면 각각 5억 원이기에 종합부동산세 대상이 되지 않는다. 그래서 6억 원까지 공제가 되는 부부간 증여를 선택하는 경우가 많이 늘어났다.

한 사람의 명의로 주택을 여러 채 보유하는 것보다 부부 또는 가족 간에 명의를 각각 나누는 것이 종합부동산세 부담을 줄이기에 유리하다.

2) 재산세 중복공제

과세대상 주택의 주택분 재산세로 부과된 세액은 종합부동산세액에서 공제해준다. 예를 들어 재산세 부과액이 200만 원이고 공시가격 6억 원 기준금액 재산세 120만 원이면, 6억 원 초과에 대한 재산세인 80만 원을 종합부동산세 산출세액에서 빼준다.

재산세도 내고 종합부동산세도 내면 너무 억울하다고 생각할 수 있는데, 공시가격 6억 원 초과에 대한 재산세만큼은 공제를 해주니 그나마 다행이다.

3) 세액공제

1세대 1주택자의 공제금액은 6억 원이 아닌 9억 원이다(1세대 1주택 기준을 공시가격 9억 원에서 상위 2%로 변경 예정). 따라서 다주택 보유자들에 비해 세부담이 덜하다 그래도 투자자가 아닌 실 수요자 입장에서는 여전히 부담스러운 것은 사실이다. 그래서 1세대 1주택 소유자에게는 고령자 연령별 10~30%, 보유기간에 따라 20~50%의 세액공제 혜택을 주고 있다.

고령자 연령별 세액공제

연령	공제율
만 60세 이상~만 65세 미만	10%
만 65세 이상~만 70세 미만	20%
만 70세 이상	30%

보유기간 세액공제

보유기간	공제율
5년 이상~10년 미만	20%
10년 이상~15년 미만	40%
15년 이상	50%

4) 합산배제

종합부동산세 과세표준 계산 시 합산대상에서 빼주는 합산배제 대상 주택이 있다. 합산배제를 하기 위해 임대사업자를 등록하는 것도 좋은 방법이다.

① 건설임대주택 요건

- 전용면적 149m^2 이하 2호 이상 주택의 임대를 개시한 날 또는 최초로 합산배제신고를 한 연도의 과세기준일 공시가격 6억 원 이하
- 5년 이상 계속 임대, 임대보증금 연 증가율 5% 초과 안 됨

② 단기 매입임대주택 요건

- 주택의 임대를 개시한 날 또는 최초로 합산배제신고를 한 연도의 과세기준일 공시가격 6억 원(수도권 외 3억 원) 이하
- 5년 이상 계속 임대, 임대보증금 연 증가율 5% 초과 안 됨

③ 장기 매입임대주택 요건

- 주택의 임대를 개시한 날 또는 최초로 합산배제신고를 한 연도의 과세기준일 공시가격 6억 원(수도권 외 3억 원) 이하
- 8년 이상 계속 임대, 임대보증금 연 증가율 5% 초과 안 됨

임대사업용주택 외 기숙사, 종업원에게 무상이나 저가로 제공하는 사용자 소유의 주택(국민주택규모 이하 또는 공시가격 3억 원 이하 주택), 노인복지주택, 미분양주택, 가정어린이집으로 5년 이상 사용하는 주택, 등록문화재주택 등도 합산배제 대상이 된다.

영화 <봄날은 간다>에서 영화배우 유지태가 이영애에게 했던 유명한 대사가 있다. 바로 "사랑이 어떻게 변하니"라는 대사다. 사람이 변하는데 사랑이라고 어찌 안 변하겠는가. 그런데 사랑만 변하는 것이 아니다. 부촌도 변한다. 평창동, 성북동, 이태원동 등이 처음부터 부자 동네이고, 압구정동, 반포동, 삼성동, 대치동 등도 부자 동네. 1부에서 살펴본 압구정, 대치, 용산, 여의도, 목동도 부촌인데, 신흥 부촌은 항상 등장한다. 그곳은 어디일까? 바로 용산 한남과 성수, 마포, 흑석과 노량진, 옥수·금호동, 그리고 상암과 마곡지구다. 떠오르는 서울의 신흥 부촌에 대해 알아보도록 하자.

2부

서울의
신흥 부촌을
잡아라

01

부촌은 변한다,
신흥 부촌이란?

신흥 부촌이 등장하면서 서울의 부촌이 늘어나고 있다. 용산 한남, 마포, 성수, 옥수·금호, 흑석·노량진, 상암, 마곡까지 새롭게 떠오른 서울의 신흥 부촌에 대해 알아보자.

변하는 것은 사람만이 아니다. 부촌도 변한다. 아니, 서울의 부촌이 더 늘어난다는 표현이 맞겠다. 경제가 성장하고 소득 수준이 향상되면서 부촌은 새롭게 등장하고 있다. 신흥 부촌의 선두주자는 마포와 성수다.

'마용성(마포·용산·성수)'은 이미 신흥 부촌의 대명사가 되었을 만큼 부촌으로 자리를 잡았다. 용산 한남은 아직 시간이 더 필요하지만 사업 진행 속도가 빠른 한남3구역을 시작으로 새 아파트의 위용을 보여주기 시작하면 단숨에 최고의 신흥 부촌으로 자리 잡을 것이다. 여기에 흑석과 노량진, 옥수와 금호동, 상암, 마곡지구를 빼놓을 수 없다. 이 지역들의 공통점은 바로 새 아파트가 있다는 점이다.

물질적인 풍요를 누리면서 살아온 1970년대 이후에 태어난 2차 베이비붐 세대들이 사회의 주축이 되면서 양보다 질을 중시하는 시대로 변모했다. 게다가 높아지는 분양가에 맞춰서 예전과는 비교가 되지 않을 정도로 아파트가 고급화되었다.

새 아파트에 대한 선호도가 높아지는 것은 지극히 당연한 현상이다. 상암과 마곡지구를 제외한 나머지 부촌들은 모두 재개발 사업을 통해 노후주택 밀집지역에서 새 아파트 단지로 거듭난 곳들이다.

한 카드회사에서 2015년 3.3m²당 아파트 가격과 1인당 신용카드 사용액 변화를 전수조사해서(회원 수 554만 명) 떠오르는 신흥 부촌을 파악한 적이 있었다. 이전까지 전통적인 부촌은 강남 3구(강남구·서초구·송파구), 종로·평창동 등 일부 지역의 고급 주택가, 여의도, 학군이 좋은 목동, 교통이 좋고 개발 잠재력이 높은 용산, 한강변 광장동 정도였다. 그런데 조사결과를 보니 서울 총 271개 동 가운데 마포구 서교동, 용강동, 아현동, 성동구 옥수동, 성수동, 금호동, 서초구 잠원동, 강남구 수서동, 이렇게 8곳이 신흥 부촌에 포함되었다. 반포와 동급인 잠원동, 그리고 수서 KTX가 개발된 잠실과 연동되는 수서는 어차피 강남이니 그럴 수 있겠지만, 마포와 성동이 신흥 부촌에 포함된 것이 눈에 띈다.

2015년 조사 당시에 이미 마포, 성수, 옥수, 금호동은 큰 폭으로 가격 상승이 시작되었고 지금은 완전한 부촌으로 자리를 잡았다. 최근 5년간 신용카드 사용액 증가율을 보더라도 마포가 1위, 성동이 2위이고, 강남 3구를 제외한 수입차 등록 대수가 가장 많은 곳 역시 마포였다고 하니, 마포와 성동이 떠오르는 신흥 부촌의 강자임은 분명한 것 같다.

같은 신흥 부촌이어도 수요층에서는 미묘한 차이가 있다. 마포는 학군에 민감하지 않고 광화문, 여의도 등 업무 지구로의 접근성을 선호하는 젊은 부부와 50대 장년층이 선호하는 지역이다. 성동은 성수대교만 건너면 압구정동으로 이어지기 때문에 강남 부모들이 자녀에게 집을 구해주는 지역으로 각광받고 있다. 강동구는 '강남 4구'라고 인정받을 정도로 무섭게 치고 올라오고 있다. 대규모 재건축 사업을 통해 미니 신도시로 거듭나는 둔촌과 고덕이 강동의 신흥 부촌을 이끌고 있다.

흑석은 택시도 들어가려 하지 않았던 경사도가 높은 낙후 지역이었다. 하지만 지하철 9호선이 개통되고 흑석뉴타운 재개발로, 마포와 어깨를 나란히 할 정도로 새 아파트의 가격이 급등했다.

성수는 전체적으로 아직 정비가 필요하지만 한강변 일부 고급 아파트의 가격은 강남을 넘어섰다. 한강 정남향 조망이 가능한 고급 아파트에 유명 연예인들이 몰려들면서 성수 재개발 지역의 가격도 덩달아 급등했다.

흑석이 뜨자 대표적인 노후 지역 중 하나였던 노량진도 재개발

바람이 불면서 가격이 급등했다. 향후 노량진 재개발이 완료되면 흑석과 노량진은 완전한 부촌으로 거듭날 것이다. 2000년대 들어서 서울의 마지막 미개발 지역이던 상암과 마곡이 대규모 복합 주거단지로 개발되었다.

전국의 수요가 몰리는 대한민국 수도 서울은 좁다. 그러니 서울에는 신흥 부촌이 탄생할 수밖에 없다. 시장가치와 현재가치가 높고 미래가치도 기대되는 서울 신흥 부촌의 세계로 들어가보자.

02

용산의 미래 부촌,
한남

서울 최고의 뉴타운은 누가 뭐라고 해도 용산 한남이다.
최고 입지를 지닌 한남뉴타운은 재개발이 완성되면 최고의 부촌 중 하나가 될 것이다.

　서울시의 뉴타운 중에서 투자자들이 가장 선호하는 재개발 구역을 꼽으라면 어디일까? 단연 용산 한남뉴타운이다. 한남동은 예전부터 서울의 전통적인 부촌으로, 배산임수(背山臨水) 입지를 자랑했다. 한강과 남산을 끼고 있고, 한강을 건너면 강남으로, 남산을 통과하면 서울 도심 4대문 안으로 연결된다. 그만큼 서울의 핵심 입지가 용산 한남이다.

　교통환경도 좋아서 강북과 강남을 연결하는 한남대교를 비롯해 동호대교, 강변북로 등 서울의 주요 도로와 접하고 있다. 게다가 지하철 1호선 용산역, 4호선 신용산역과 삼각지역, 6호선 이태원역, 경의중앙선 한남역 등 도로와 지하철이 동서남북으로 촘촘히 연결되어 있다. 마치 외국에 온 듯한 착각이 들 정도로 이국적인 매력을 자랑하는 이태원과 골목 상권의 대표주자인 경리단길, 새롭게 떠오르는 해방촌의 매력까지 더해지면서 용산 한남뉴타운은 '대박'이 날 수밖에 없는 재개발 구역이 되었다.

미8군사령부가 평택으로 이전하면 265만 5천m²(약 80만 평)에 달하는 거대한 서울 심장부 땅에 공원이 조성될 계획이다. 이곳이 역사와 문화가 어우러진 생태공원으로 개발되면 인근의 한남뉴타운의 가치는 더욱 상승할 것이다. 이렇듯 용산 한남은 입지와 교통, 문화, 역사, 생활 인프라까지 갖춘, 강남에서는 찾아보기 힘든 매력적인 지역으로 그 누구도 이견을 제시할 수 없을 것이다.

한남뉴타운 사업은 용산구 한남동과 보광동 일대 111만 205m² 부지를 재개발하는 사업으로, 1~5구역으로 나뉘어져 있다. 2009년 10월에 정비구역으로 지정된 한남1구역은 6호선 이태원역과 녹사평역(용산구청역)을 끼고 있다. 유동인구가 많아서 이미 상권이 활성화되어 있다. 유엔사 부지 개발 등 역세권에 개발호재도 있어서 재개발이 완료되면 역세권 입지와 이태원의 생활 인프라로, 용산의 문화와 자연환경을 모두 누릴 수 있는 구역이 될 것이다.

그런데 상권 활성화가 한남1구역의 발목을 잡았다. 이태원역 주변의 상권 활성화 및 구역 내 도로를 정비하면서 자연스럽게 상가 수요가 늘어났고, 임대 가격이 상승하면서 주택 소유자들이 주택을 상가로 용도변경을 하는 경우가 늘어났기 때문이다.

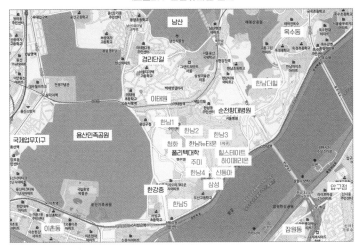

<그림27> 한남뉴타운 일대

한남1구역은 상가 주인들의 반대로 조합설립을 위한 동의 요건을 채우지 못했다. 상가 주인 입장에서는 재개발을 하는 것보다 상가를 가지고 가면서 월세를 받는 것이 훨씬 더 이득이라고 판단했을 것이다. 결국 반대하는 조합원들의 해제 요청을 받은 서울시는 주민 의견조사를 거쳤다. 그 결과 2017년 3월 구역해제가 되었다. 종상향 계획이 있었지만 구역해제로 정비구역 이전 상태인 2종일반주거지역으로 복원되었다.

비록 한남1구역은 해제가 되었지만 서울시의 가이드라인대로 지역의 옛길, 지형 등을 보전하기 위해 이태원 지구단위계획 및 주거환경관리사업, 앤티크가구거리 조성사업 등을 통해 지역 활성화를 통한 옛 도시를 보존하도록 계획하고 있다. 최근 공공재개발 후보지로 신청했지만 아쉽게도 선정되지는 못했다.

약 11만 5천m² 면적으로 여의도나 서울숲의 2배 규모를 자랑하는 보광동 일대 한남2구역은 2020년 서울시 건축심의 통과 후 사업시행계획인가를 준비하고 있다. 북쪽으로 이태원역, 서쪽으로 앤티크가구거리가 있어서 해제된 1구역과 함께 상권이 활성화된 곳이다. 게다가 이태원 상권과도 가까워서 매력적이다. 서울시 가이드라인에 맞추어 최대한 협조할 계획이며 관광문화특구지정으로 상가의 차별화된 디자인으로 특화시키고자 노력하고 있다.

한남2구역의 장점은 역세권인 데다 타 구역에 비해 평지라는 점, 지분 쪼개기가 없고 동 간 거리가 넓어서 주거 쾌적성이 높다는 점 등이다. 다만 한강 조망은 어려울 것 같고 보광초등학교 존치가 결정되면서 상권이 초등학교 환경에 안 좋은 영향을 줄 수도 있기에 아쉽다. 상권 활성화로 인해 일부 상가 및 상가주택 소유주들의 반대 목소리도 있어서 타 구역에 비해 진행 속도가 늦어질 수도 있다.

6천 세대에 육박하는 한남3구역은 서울시 재개발 구역 중에서 가장 큰 규모를 자랑한다. 2019년 사업시행계획인가를 받으면서 큰 산을 넘었고, 2021년 4월 조합원 감정평가가 조합원의 입장에서 유리하게 나왔다. 그러면서 조합원의 추가분담금이 예상보다 줄어들 가능성이 높아졌다. 조합원 분양신청을 받았고 관리처분계획인가를 준비하고 있을 정도로 한남뉴타운에서 가장 빠르게 진행되고 있다.

〈그림28〉 한남3구역 조감도

출처: 한남3구역 조합

2019년 11월 건설사들의 과도한 수주 경쟁으로 특별점검을 받아 현대, GS, 대림에 입찰 무효 결정이 내려지면서 재입찰을 했다. 이는 그만큼 한남3구역이 엄청나다는 것을 나타내는 반증이기도 하다. 그도 그럴 것이 총 사업비 7조 원, 공사비 2조 원이라는 어마어마한 규모의 재개발 사업이기 때문이다.

한남3구역은 남쪽으로는 한강, 뒤쪽으로는 남산이 인접한 전형적인 배산임수 지형으로 한강 조망권 물량이 다수 포함될 수 있어서 투자자들의 선호도가 높다. 고저차(高低差)가 심한 구릉지가 많다는 것이 단점으로 지적되어 왔지만, 지형적인 특성에 맞게 다양한 형태의 주택이 눈에 띈다. 남산에서 한강으로 이어지는 구릉지형을 7개 블록으로 나누어 설계했다. 역세권, 조망권, 테라스하우스, 민족공원과 상업시설의 접근성 등 차별화된 설계를 통해 단점을 장점으로 바꾸고자 한다.

사업시행계획인가 계획안에 따른 건폐율이 높게 나오면서 동 간 거리가 좁아질 것을 우려한 조합원들의 반대도 있지만, 어찌 되었든 한남3구역은 한강과 남산 조망을 살려 특화된 설계로 개발될 예정이다. 큰 규모에 탁월한 입지와 서울시의 방향에 맞춰 기존 지형을 보전할 수 있는 부분은 보전하면서 말이다. 따라서 장기적인 관점에서 보면 최고의 주거단지가 될 것이다. 총 5,816가구 중 절반이 넘는 3,017가구가 전용 59m² 이하인 소형주택으로 구성된다.

한남4구역은 한남뉴타운 중심에 위치해서 핵심 축을 형성하는 구역이다. 좌측에는 한남대교, 우측에는 반포대교가 있어서 교통이 편리하고 신분당선 3단계 연장선인 보광역이 예정되어 있어서 미래가치도 높다. 3구역·5구역과 함께 한강 조망이 가능하고 일반분양 비율이 높아서 사업성이 우수하다. 4구역은 지분 쪼개기가 거의 없고 조합원 수가 적어서 일반분양 물량이 많을 것으로 예상된다. 그리고 종교시설이나 학교 이전 등의 문제가 없어서 추가로 비용이 발생하지 않을 것이다. 따라서 조합원의 수익성 측면에서는 가장 좋은 구역이라 할 수 있다.

한남뉴타운의 5개 구역 중에서 가장 늦게 조합설립인가(2015년 1월)를 받았지만 추진 속도가 빨라서 현재는 2·5구역과 함께 건축

<표29> 한남뉴타운 구역별 개요

구역	조합원 수	건립 세대 수	진행 상황
1구역	751	1,471	2017년 3월 정비구역해제
2구역	929	1,537	건축심의 통과 후 사업시행계획인가 준비 중
3구역	3,880	5,816	사업시행계획인가 후 관리처분계획 준비 중
4구역	1,163	1,965	조합설립인가 후 건축심의 준비 중
5구역	1,542	2,359	조합설립인가 후 건축심의 준비 중

* 사업 추진에 따라 변경 가능

심의 준비 중에 있다. 하지만 조합장 문제 때문에 사업이 다소 지연될 가능성도 있다. 또한 지분 쪼개기가 거의 없다 보니 대지지분이 큰 물건이 많아서 투자금액 비중이 높다는 점이 투자자들에게는 부담스러울 수 있다. 미주·신동아는 4구역에 포함된 반면에 삼성리버빌은 포함되지 못했다.

한남5구역은 입지가 좋고 상대적으로 지형이 완만한 편이다. 한강 바로 앞에 있어서 지리적으로 최상의 한강 조망권이 나오는 구역이다. 개발했을 때 한강을 조망할 수 있는 아파트가 대략 50% 정도 나올 것으로 예상되는 만큼, 한강을 남향으로 바라볼 수 있다는 매력을 지녔다.

초·중·고등학교가 모두 인접해 있고 용산민족공원과도 가깝다. 반포대교를 건너면 바로 강남으로 연결되니 입지와 교통환경 모두 좋다. 하지만 타 구역보다 지분의 평당가격이 비싸다는 점, 조합장이 공석(空席)이라는 점 등 조합 문제가 있어서 사업 속도가 빠르지 못하다는 단점이 있다.

한남4구역처럼 지분 쪼개기 물건이 거의 없고 대지지분이 큰 물건들이 많아서 소액으로 투자하기가 쉽지 않다. 또한 사업 기간이 길어질 수 있으므로 여유 자금으로 장기투자를 할 거라면 적합하지 않다.

현재 한남을 대표하는 아파트는 단연 한남더힐이다. 단국대학교 이전 부지에 지어진 한남더힐은 조용한 아파트다. 유명 연예인들을 비롯해서 소위 부자들이 사는 부촌 아파트로 손꼽히고 있다. 분양 당시 고분양가 논란이 있었지만 탁월한 입지 때문에 그 가치를 더하고 있다. 특히 용적률이 120%로 매우 낮아서 노후화가 되었을 때 재건축 기대감이 높다. 그만큼 투자 가치가 있는 아파트다.

한국폴리텍대학 인근의 청화아파트도 오래되었다. 그래서 '언제 재건축을 하나'라고 생각하는 사람들이 있다. 그런데 196%라는 비교적 높은 용적률 때문에 서울시의 정책적 지원이 없는 한 재건축이 쉽게 진행되지는 않을 것 같다. 오히려 남산대림과 이태원주공이 10년 후에 재건축 될 가능성이 높은 아파트로 사람들의 관심을 받고 있다.

<표30> 용산 한남뉴타운 구역과 일대의 주요 아파트

지역	동	아파트	입주연도	세대 수	비고
용산	이태원	청화	1982년	578	용적률 196%
		남산대림	1994년	400	용적률 106%
		이태원주공	1993년	130	용적률 100%
	한남	한남1구역		1,471	재개발 해제
		한남3구역		5,757	재개발 진행
		한남더힐	2011년	600	용적률 120%
		한남리첸시아	2004년	371	용적률 499%
		한남힐스테이트	2003년	283	용적률 222%
		한남하이페리온	2002년	122	용적률 299%
	보광	한남2구역		1,926	재개발 진행
		한남4구역		1,965	재개발 진행
		주미	1973년	54	한남4구역
		신동아파밀리에	1992년	226	한남4구역
	동빙고	한남5구역		2,359	재개발 진행

03

용산을 넘보는 부촌, 성수

서울숲과 한강을 끼고 있는 성수는 한강르네상스 전략정비구역을 통해 고급 주거단지로 개발이 되면서 용산을 뛰어넘을 부촌으로 성장하고 있다.

서울 최고의 부촌이 강남이라는 사실을 부정할 사람은 별로 없을 것이다. 포스트 강남을 이을 신흥 부촌은 '마용성' 중에서 입지적으로도 좋고 개발호재가 넘치는 용산을 빼놓을 수 없다. 용산은 민족공원과 한남뉴타운 개발, 국제업무지구와 서울역과 용산 지하철 지상구간을 지하화하는 마스터플랜까지 개발호재가 넘친다. 그런데 용산을 넘보는 신흥 부촌이 있으니 그곳은 바로 성수다.

불과 10여 년 전만 하더라도 성수는 가죽신발 공장들이 밀집한 공업지역이었다. 개그맨 임하룡 씨가 젊은 시절에 성수동의 작은 방에서 가족들과 힘들게 살았다고 방송에서 이야기한 적이 있다. 그 정도로 성수동은 열악한 지역이었다.

한강 너머 최고의 명당인 압구정은 영동개발이 되면서 최고의 부촌이 되었지만 성수는 유독 개발에 뒤처져 있었다. 예전에 성수동에 좋은 매물이 나와서 한 고객과 함께 현장을 방문한 적이 있었다. 지금은 동네가 좀 어수선하지만 미래가치가 높은 지역이니 충분히 해볼 만하다고 추천했다. 그런데 그 고객은 이런 낙후된 동네에 왜 데리고 왔냐며 오히려 화를 내고 가버렸다. 그는 성수동의 미래가치를 보지 못한 것이다.

2014년 영화배우 원빈 씨가 성수동에 대지면적 231m²인 상가주택을 21억 원(3.3m²당 약 3천만 원)에 매입했다. 당시 그가 성수동을 선택했다는 뉴스를 보고 필자는 이렇게 생각했다. '원빈 씨가 실거주할 집도 아닌데 투자가치가 없는 곳에 굳이 부동산을 구입했겠는가?' 당시 별 볼 일 없어 보이던 곳이 지금은 카페거리로 인기가 높아졌다. 현재 그가 보유한 성수동 빌딩은 매입 당시보다 가치가 3배나 넘었다. 야구선수 이승엽 씨는 2010년 성수동 에스콰이어빌딩을 300억 원 정도에 매입했다. 당시 그 정도면 강남 빌딩에 충분히 투자할 수 있었는데, 그는 성수의 미래가치에 배팅한 것이다.

성수 카페거리는 성수만의 색깔을 만들어내면서 젊은 층의 호응을 얻고 있다. 미국의 유명 커피전문점인 '블루보틀'이 강남이나 홍대가 아닌 성수를 1호점으로 선택했다는 것은 그만큼 성수에 매력이 크다는 의미다. 이처럼 성수가 용산을 넘볼 정도로 뜬 이유는 무엇일까? 바로 2009년 오세훈 서울시장이 추진했던 전략정비구

<그림31> 한강르네상스 정비구역

출처: 서울시

역 개발 덕분이다.

전략정비구역은 한강르네상스 계획을 기반으로 기부채납비율을
25%로 올리는 대신에 최고 50층 건축을 허용하는 지역이다. 당시
이촌, 여의도, 합정, 압구정, 성수 이렇게 5곳이 전략정비구역으로
지정되었다. 그런데 서울시장이 바뀌면서 모두 해제되고 성수동만
남았다. 성수 전략정비구역을 제외한 다른 한강변 아파트는 최고
35층, 용적률 최고 300%라는 서울시 높이규제가 적용되면서 사실
상 개발이 안 되고 있다.

이렇게 불씨가 꺼져가던 성수전략정비구역은 2021년 선거에서
오세훈 서울시장이 당선되면서 분위기가 급반전되었다. 한강르네
상스 시즌2를 예고하고 있기 때문이다. 과거 2010~2012년 서울 부
동산 시장 침체 속에서 한강르네상스 지역만큼은 수직 상승을 했
던 학습효과를 아직 잊지 않은 시장이 먼저 반응을 한 것이다.

총면적 53만 399m², 최고 50층, 8,247세대로 개발 예정인 성수전

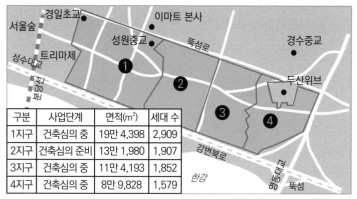

<그림32> 성수전략정비구역

구분	사업단계	면적(m²)	세대 수
1지구	건축심의 중	19만 4,398	2,909
2지구	건축심의 준비	13만 1,980	1,907
3지구	건축심의 중	11만 4,193	1,852
4지구	건축심의 중	8만 9,828	1,579

출처: 이데일리

략정비구역은 1~4지구, 즉 4개의 구역으로 나누어져 있다. 한강변 평지에 토지 모양도 반듯해서 계획대로만 개발된다면 정말 멋진 아파트가 탄생할 것이다.

1지구는 건축심의를 준비하고 있다. 속도도 빠르고 4개 지구 중에서 면적이 가장 넓으며 세대 수가 많아서 사업성이 우수하다. 서울숲과 지하철역이 가까워서 가장 비싼 시세로 형성되어 있다. 2지구는 조합설립인가 후 건축심의를 준비 중이다. 어려움을 겪고 있지만 향후 개발이 완료되면 성수전략정비구역의 중심부가 될 것으로 기대된다. 3지구와 4지구도 건축심의 중이나 역시 서울시의 벽에 가로막혀 속도를 내지 못하고 있다. 4지구는 사업성이 좋고 속도면에서 가장 빠르나 지하철 이용면에서 다소 불편할 수 있다.

박원순 전 서울시장이 한강변 고층개발을 부정적으로 봐서 사실상 무산될 정도로 속도를 내지 못했지만, 한강르네상스의 주역인 오세훈 서울시장이 부활하면서 성수전략정비구역에 대한 기대가 한층 더 높아졌다.

성수는 서울숲이라는 대규모 숲세권과 골드라인인 지하철 2호선 및 분당선이 연장되면서 그 가치가 더해졌다. 흉물이었던 서울숲 인근의 삼표레미콘 공장 이전도 협의가 되었다고 하니 다행이다. 삼표레미콘 공장이 2022년에 철거되면 서울숲이 추가로 조성되므로 숲세권의 힘은 더욱 강해질 것이다.

여기에 부동산 시장 과열로 지정되려다가 보류되었던 성수 북쪽 장안평 자동차매매단지의 도시재생뉴딜사업(경제기반형)이 재추진되어서 정비가 되면 긍정적인 영향을 받을 수 있다. 서울의 집값을 자극할 우려 때문에 도시재생사업 선정에서 빠지기는 했지만, 부동산 시장이 안정을 되찾으면 우선적으로 추진될 수 있다.

서울숲 인근의 고급 주거단지인 갤러리아포레가 개발되면서 성수는 신흥 부촌으로 거듭났다. 다만 갤러리아포레는 45층으로 고층이긴 하지만 230세대라는 적은 세대 수 때문에 랜드마크 아파트로 자리 잡기에는 다소 아쉬움이 있었다.

이 갤러리아포레가 성수 부촌의 시발점이 된 이유는 바로 VVIP 콘셉트 때문이다. 최고급 자재를 사용하는 등 상위 1%인 VVIP를 타깃으로 잡으면서 2008년 분양 당시 평균 분양가격이 3.3m²당 4,533만 원이었다. 고분양가 논란이 있기도 했지만 사상 최고가라

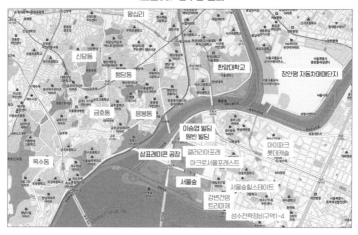

<그림33> 성수동 일대

는 명성은 2017년에 분양한 아크로서울포레스트(3.3㎡당 4,750만 원)
가 나올 때까지 9년 동안 유지되었다. 2018년 전용 271.38㎡ 전세가
격이 무려 50억 원을 기록하면서 또 한 번 이슈가 되었다. VVIP 주
거 공간이라는 명성에 걸맞게 이수만, 김수현, 인순이, 지드래곤,
한예슬 등 소위 잘나가는 연예인들과 재벌 2, 3세가 많이 거주하고
있다.

갤러리아포레의 뒤를 이어 2017년에 입주한 트리마제 역시 성수
의 고급화를 이끄는 단지다. 2017년 SBS 한 방송에서 고급 주거단
지를 취재하는 섭외 요청이 들어왔다. 한강 조망이 되고 새로운 고
급 주거단지인 트라마제를 소개하기 위해 촬영협조 요청을 여러
경로를 통해서 했지만 모두 보기 좋게 거절당했다. 강한 프라이드

<그림34> 아크로서울포레스트 조감도

출처: 대림건설

와 굳이 방송에 노출시키고 싶지 않은 그들만의 특성을 볼 수 있었다. 한편 BTS(방탄소년단) 정국이 전용 $69m^2$를 19억 5천만 원에 매입하면서 이슈가 되었고, 소녀시대 써니, JYJ 김재중, 슈퍼주니어 희철 등 유명 연예인들이 거주하고 있다.

트리마제는 서울숲과 한강 조망이 가능하고 고급 인테리어와 호텔식 주거 서비스를 제공한다. 성수동1가 547-1 일대 300가구 정도의 단독주택 밀집지역을 개발한 지역주택조합 아파트다.

2005년 지역주택조합 사업이 시작되었지만 금융위기 때문에 부도가 나면서 어려움을 겪기도 했다. 다행히 2012년 두산중공업이 사업 재개를 하면서 지금의 트리마제가 탄생하게 되었다. 한강르네상스 사업의 일환으로 이촌동 래미안첼리투스(렉스 재건축)와 함께 한강변 35층 규제를 피해 최고 48층, 4개 동 688가구, 최고 높이 148m의 고급 주거단지로 개발될 수 있었다. 2014년 분양가가 3.3m²당 3,888만 원, 최고 42억 원으로 고분양가 논란이 있었다. 미분양이 발생하기도 했지만, 지금은 강남이 부럽지 않을 만큼 높은 시세로 형성되어 있다.

갤러리아포레, 트리마제와 함께 2021년에 입주 예정인 아크로서울포레스트 역시 향후 성수의 고급 주거단지로 명성을 날릴 것이라 생각한다. 2018년 분양 당시 아크로서울포레스트의 분양가는 3.3m²당 4,750만 원으로, 갤러리아포레를 9년 만에 밀어내고 사상 최고가 아파트라는 명성을 이어받았다.

초고급 주거단지뿐만 아니라 서울숲힐스테이트, 성수롯데캐슬파크, 성수아이파크 등도 성수의 인기에 힘입어 선호도가 높다. 가격 역시 부동산 시장 흐름에 따라 상승세로 움직여주고 있다.

<표35> 성수 일대의 주요 아파트

지역	동	아파트	입주연도	세대 수	비고
성동	성수	트리마제	2017년	688	
		갤러리아포레	2011년	230	
		아크로서울포레스트	2020년	280	
		서울숲힐스테이트	2009년	445	
		성수롯데캐슬파크	2003년	604	
		성수아이파크	2003년	656	
		강변건영	2002년	580	
		성수1지구		2,909	재개발 중
		성수2지구		1,907	재개발 중
		성수3지구		1,852	재개발 중
		성수4지구		1,579	재개발 중

04

떠오르는 신흥 부촌,
마포

마포는 떠오르는 신흥 부촌이다. 여의도, 광화문으로의 접근성이 좋아지고
대단지 새 아파트가 늘어나면서 고급 수요를 끌어들이고 있다.

마포는 조선시대의 뚝섬, 노량, 용산, 양화진(합정)과 함께 각 지
역에서 오는 산물을 하역·저장·분배하던 곳이었다. 1910년경에 서
대문에서 마포까지 연결된 최초의 대중교통 수단인 전차 덕분에
교통의 요지가 되었으나 서울의 중심은 아니었다.

그런데 마포가 1970년대 들어서 지하철 2호선과 양화대교, 마포
대교, 성산대교, 당산철교가 연결되고 지하철 5·6호선과 내부순환
도로, 자유로, 강변북로, 서강대교, 가양대교까지 개통되면서 교통
의 요지로 입지를 굳혔다. 여기에 업무 빌딩도 개발되면서 마포는
서울 서부지역의 중심지로 성장했다.

그럼에도 마포는 1990년대까지 부촌이라는 말을 꺼낼 수 없었

다. 1999년 공덕삼성을 시작으로 2011년 공덕래미안까지 새 아파트가 줄줄이 입주했지만, 부촌이라는 명칭을 붙이지는 못했다. 그랬던 마포가 2012년 서울 아파트 시장이 바닥을 찍은 뒤 기지개를 켜면서 성수, 옥수, 금호동과 함께 신흥 부촌의 반열에 당당히 올라섰다.

최근 강남을 제외한 인기 지역을 이야기할 때면 '마포·용산·성수'를 줄인 '마용성'이 부동산 시장에서 하나의 고유명사가 되었다. 용산은 미군기지 이전과 민족공원 개발, 단군 이래 최대의 개발 사업이라는 국제업무지구 개발, 서울 최고의 재개발 구역인 한남뉴타운까지 개발호재가 즐비하고, 성수는 한강전략정비구역과 뚝섬 개발, 갤러리아포레, 트리마제 등의 고급 주거단지가 있다. 이에 반해 마포는 개발호재가 있는 것도 아니고 유명 연예인들이 거주하는 고급 주거단지가 있는 것도 아니다. 그런데 왜 신흥 부촌에 들어갈 만큼 인기가 높아진 것일까?

마포(공덕, 아현, 용강동 등)와 성동(성수, 옥수, 금호동 등)의 공통점은 노후주택 밀집지역이 재개발 사업으로 인해 미니 신도시급으로 거듭나면서 새 아파트 효과를 톡톡히 보았다는 것이다. 2000년대부터 지하철 5·6호선, 공항철도, 경의중앙선이 연결된 공덕역을 중심으로, 학군에 민감하지 않으면서 광화문, 여의도로 접근하려는 사람들에게 인기를 끌기 시작했다.

공덕1~5구역과 신공덕1~3구역을 재개발한 공덕삼성, 공덕래

<그림36> 마포 일대의 아파트

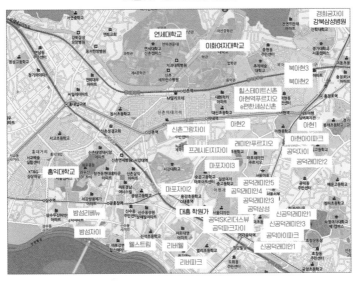

미안2~5차, 신공덕래미안1~3차가 순차적으로 입주하면서 마포의
아파트 가격을 선도했다. 2000년대 중후반 뉴타운 개발 광풍이 불
면서 일명 '묻지마 투자'가 유행했고 많은 투자자들이 유입되었다.
2010~2012년 서울 부동산 시장이 침체하던 시기에는 공덕 일대의
아파트들과 아현, 북아현 등 재개발 사업을 추진하던 재개발 구역
의 가격도 하락하면서 투자자들의 마음고생이 이만저만 아니었다.

그렇게 꺼져버릴 줄 알았던 마포는 우여곡절 끝에 재개발 사업
이 완료되었고, 입주를 시작하는 아파트들이 하나둘 늘어나기 시
작했다. 서울 부동산 시장의 분위기도 2012년 바닥을 찍고 2013년
과감한 규제 완화 대책에 힘입어 거래가 늘어나면서 부활했다. 부

활을 넘어서 '날았다'는 표현이 맞을 것 같다. 여의도, 광화문 업무지구 수요뿐만 아니라, 강남 접근은 부담스럽지만 그래도 여유가 있는 50대 중장년층과 젊은 신혼부부들이 유입된 것이다. 최근에는 대흥역 주변의 학원가가 급부상하면서 강남, 목동에 비해 상대적 약세였던 교육환경까지 개선되면서 '교육이 되는 직주근접 도시'로 변모했다.

잠자던 마포 일대의 아파트를 깨운 선봉장이 바로 경희궁자이다. 마포는 아니지만 마포와 멀지 않은 종로 교남동 돈의문타운(교남뉴타운이라고도 함)1구역을 재개발해 2017년에 입주를 한 경희궁자이1~4단지는 총 2,533세대의 대단지 아파트다. 2021년 6월 기준, 3.3m²당 가격이 6천만 원에 육박하고 있는 곳이다.

지금이야 이 정도 가격을 당연하게 받아들이는 편이지만, 강남이나 용산, 성수처럼 고급 주거공간이 아닌 지역에서 3.3m²당 6천만 원이라는 사실은 2015년 이전까지만 해도 상상할 수조차 없는 일이었다.

2014년 분양가격은 3.3m²당 2,300만~2,500만 원 정도였음에도 고분양가 논란이 있었고 미분양이 발생하기도 했다. 분양 당시에 한 지인이 경희궁자이에 대해 물어본 적이 있었다. 당시 분위기도 그랬고 친한 지인이어서 조심스러운 마음에 필자는 "오르더라도 얼마나 오르겠어"라고 말했었다. 그런데 경희궁자이가 강북의 대표 아파트 중 하나가 되었다.

<그림37> 마포래미안푸르지오

2017년 봄, 경희궁자이를 매입하고 싶은데 불안하다는 한 고객을 만난 적이 있다. 당시에도 가격이 많이 올라서 3.3m²당 3천만 원에 육박하고 있었으니 불안한 것이 당연했다. 하지만 괜찮은 아파트이고 서울 도심의 새 아파트인 만큼, 자금이 여유롭고 실거주 목적이 있다면 투자해도 좋다는 의견을 드렸다. 다행히 이후 큰 폭으로 상승했다.

경희궁자이와 더불어 마포래미안푸르지오가 마포를 이끌어가는 랜드마크 아파트다. 줄여서 '마래푸'로 더 유명한 마포래미안푸르지오는 아현3구역을 재개발해 2014년에 입주한 3,885세대 대단지 아파트다. 2호선 아현역과 5호선 애오개역으로의 접근성이 좋아서 선호도가 높다. 그만큼 마포의 아파트 가격을 선도하고 있다.

아현뉴타운에는 아현4구역을 재개발해서 2015년에 입주한 공덕자이와 2017년 입주한 아현아이파크(아현1~3구역)가 있다. 아현2구역은 1,419세대 2023년 입주를 목표로 재개발되고 있다. 아현1구역은 재개발이 추진되고 있지만 조합 설립조차 되지 않아서 아직 갈 길이 멀다.

아현뉴타운 위로는 북아현뉴타운이 있다. 북아현뉴타운은 행정구역상 서대문구 북아현동에 위치해 있지만, 길 하나만 건너면 마포 아현일 정도로 마포와 가깝다. 북아현1·2구역과 북아현1~3구역을 각각 재개발한 신촌푸르지오와 e편한세상신촌은 2015년과 2017년에 이미 입주를 완료했다.

e편한세상신촌은 2호선 아현역으로의 접근성이 좋아서 선호도가 높다. 2호선과 5호선 충정로역도 이용할 수 있는 대단지 아파트인 북아현2구역이 2020년 건축심의에 통과되면서 기대감이 커지고 있다. 다만 상가 비중이 높고 종교시설 대토협의문제도 남아 있어서 당초 예상했던 시간보다 더 걸릴 듯하다.

북아현3구역은 북아현뉴타운에서 면적이 가장 크다. 4,602세대의 미니 신도시급으로 개발될 예정이다. 2011년 사업시행계획인가를 받았지만 소송이 생기고 조합원들 간에 갈등도 커지면서 사업이 늦어졌다. 다만 소송이 최근에 마무리가 되었다고 하니 빨리 추진될 수 있기를 기대해본다.

마포자이2차(대흥3구역), 마포자이3차(염리2구역), 신촌그랑자이(대흥2구역), 마포프레스티지자이(염리3구역)도 좋은 아파트로서 기대가 높다. 염리4·5구역은 구역해제가 되었다.

용강동 래미안마포리버웰(용강2구역), e편한세상마포리버파크(용강3구역), 래미안웰스트림(현석2구역), 하중동 한강밤섬자이(서강주택), 상수동 래미안밤섬리베뉴(상수1·2구역) 등도 새 아파트 단지로서 인기가 높다.

공덕동에는 공덕래미안 등 2010년 이전에 입주한 오래된 아파트만 있는 것은 아니다. 공덕SK리더스뷰(마포로6구역)를 비롯해서 마포로1구역 펜트라우스(마포로1-52), 공덕파크자이(마포로1-55), 공덕더샵(마포로1-54) 등 쿼드역세권(5호선·6호선·공항철도·경의중앙선) 공덕역 일대 마포로 도시환경정비사업을 통해 새 아파트가 공급되고 있다.

<표38> 마포 일대의 주요 아파트

지역	동	아파트	입주연도	세대 수	비고
종로	교남	경희궁자이1~4단지	2017년	2,533	재개발(돈의문뉴타운1)
서대문	북아현	힐스테이트신촌	2020년	1,226	재개발(북아현1-1)
		신촌푸르지오	2015년	940	재개발(북아현1-2)
		e편한세상신촌	2017년	1,910	재개발(북아현1-3)
		북아현2		2,274	재개발 중
		북아현3		4,624	재개발 중
마포	대흥	신촌그랑자이	2020년	1,248	재개발(대흥2)
		마포자이2차	2014년	558	재개발(대흥3)
	아현	아현1구역		3,327	재개발 추진
		아현아이파크	2017년	497	재개발(아현1-3)
		아현2구역	2023년 예정	1,419	재개발 중
		마포래미안푸르지오	2014년	3,885	재개발(아현3)
		공덕자이	2015년	1,164	재개발(아현4)
	염리	염리삼성래미안	2001년	574	재개발(염리1)
		마포자이3차	2018년	927	재개발(염리2)
		마포프레스티지자이	2021년	1,694	재개발 중(염리3)
	공덕	공덕삼성	1999년	651	재개발(공덕1)
		삼성래미안공덕2차	2004년	683	재개발(공덕2)
		래미안공덕3차	2004년	616	재개발(공덕3)
		공덕래미안4차	2005년	597	재개발(공덕4)
		공덕래미안5차	2011년	794	재개발(공덕5)
		공덕SK리더스뷰	2020년	472	재개발(마포로6)
		공덕파크자이	2015년	288	재개발(마포로1)
	신공덕	신공덕삼성래미안1차	2000년	834	재개발(신공덕1)
		신공덕삼성래미안2차	2000년	458	재개발(신공덕2)
		신공덕삼성래미안3차	2003년	366	재개발(신공덕3)
		공덕아이파크	2013년	195	재개발(신공덕6)
	용강	래미안마포리버웰	2015년	563	재개발(용강2)
		e편한세상마포리버파크	2016년	547	재개발(용강3)
		래미안마포웰스트림	2016년	773	재개발(현석2)
	하중	한강밤섬자이	2010년	488	재개발(서강주택)
	상수	래미안밤섬리베뉴1	2014년	429	재개발(상수1)
		래미안밤섬리베뉴2	2014년	530	재개발(상수2)

05

달동네에서 신흥 부촌이 된 옥수와 금호

옥수와 금호는 대규모 재개발을 통해 새 아파트 단지가 형성되었다.
이후 강남 부자들의 자녀가 거주하는 지역으로 인기를 끌고 있다.

마포와 더불어 새롭게 떠오른 부촌이 있으니 바로 옥수와 금호동이다. 1994년 〈서울의 달〉이라는 드라마가 큰 인기를 끌었다. 서울의 달동네를 배경으로 한 드라마로 각자의 삶을 위해 애쓰는 소시민의 이야기였는데, 그 배경이 된 곳이 옥수동이다. 경사진 오르막길을 대표하는 달동네였던 옥수동이 어떻게 20여 년 만에 부촌이 된 것일까?

마포도 그렇지만 성동구 옥수와 금호동 역시 노후주택 밀집지역이 재개발되면서 새 아파트 단지로 거듭났고, 변화하기 시작했다. 옥수와 금호동이 마포와 다른 점은 무엇일까? 마포는 광화문, 여의도 업무지구로 접근을 선호하는, 학군에 크게 민감하지 않은 젊은 부부와 50대들이 선호하는 지역이다. 반면에 옥수와 금호동은 성수대교만 건너면 바로 압구정동으로 이어지기 때문에 강남에 거주하는 소위 강남부자들이 자녀들에게 집을 사주는 지역으로 각광을 받았다. 어지간한 부자가 아니면 부모가 자녀에게 강남 아파트 한 채를 사주는 것은 어려운 일이다. 그렇다고 강남과 너무 멀리 떨어진 곳은 싫어한다. 그래서 눈에 들어온 곳이 한강 넘어 새 아파트 단지로 개발된 옥수와 금호동이다.

2017~2021년 서울 아파트 가격이 급등하면서 강남에 집이 있는 부모들이라 하더라도 신흥 부촌 중 한 곳인 옥수와 금호동에 새 아파트를 사주는 일은 이제 매우 부담스러운 상황이다.

성동구 옥수동은 한남하이츠와 옥수하이츠로 시작된다. 한남하이츠는 1982년에 입주한 535세대 아파트로 용적률이 143%여서 재건축을 기대할 수 있는 아파트다. 한남하이츠 옆 옥수하이츠는 3호선과 경의중앙선 옥수역으로의 접근성이 좋고 한강까지 끼고 있다. 1988년에 입주한 774세대 아파트다. 아쉽게도 용적률이 212%여서 현실적으로 재건축 가능성이 높아 보이지 않는다.

위쪽으로 옥수삼성(1999년 입주, 1,114세대)과 옥수극동(1986년 입주, 900세대)이 있다. 옥수삼성이야 1999년에 지어졌으니 그렇다 쳐도 옥수극동은 1986년에 지어졌으므로 재건축을 기대해볼 수 있다. 다만 용적률이 213%여서 재건축보다는 리모델링이 현실적인 대안이 될 것 같다.

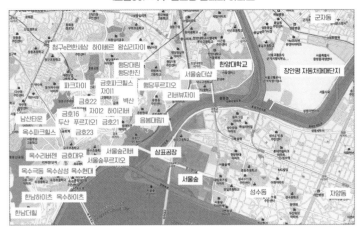

<그림39> 옥수·금호동 일대의 아파트

매봉산공원을 끼고 조금 더 올라가면 래미안옥수리버젠이 보인
다. 옥수12구역을 재개발해 2012년에 입주한 1,511세대의 래미안
옥수리버젠은 3호선 금호역과 매봉산공원, 동호초등학교를 끼고
있어서 사람들의 선호도가 높다. 2016년에 입주한 e편한세상옥수
파크힐스 역시 옥수13구역을 재개발한 1,976세대 대단지 아파트로
금호역 초역세권이다.

옥수동의 오른쪽에는 금호동이 있다. 금호두산, 금호대우, 금호
벽산 등을 제외한 대부분의 아파트들이 재개발이 완료된 새 아파
트들이다. 일부는 재개발이 추진되는 곳도 있다. 금호10구역을 재
개발한 금호1차푸르지오를 비롯해 금호자이1차(금호17구역), 금호
자이2차(금호19구역), 래미안금호하이리버(금호10구역), 신금호파크

자이(금호13구역), e편한세상금호파크힐스(금호15구역)가 모여 대단지 새 아파트 그룹을 형성하고 있다.

한강 쪽으로 내려오면 한강과 달맞이봉공원을 끼고 있는 서울숲푸르지오1차(금호11구역)와 서울숲푸르지오2차(금호14구역)가 있다. 그리고 응봉산을 끼고 있는 2018년에 입주한 힐스테이트서울숲리버(금호20구역)도 있다.

남은 재개발 구역 중 기대해볼 만한 곳이 금호16·21·22구역이다. 이 중에서 금호16구역은 금호동2가 501-31 일대 2만 7,485m² 부지에 595세대 계획으로 2019년에 조합설립인가를 다시 받았다. 현대건설에서 시공을 맡았고 2021년 사업시행계획인가를 목표로 진행하고 있어서 그나마 추진 속도가 가장 빠르다. 다만 조합 내부에 문제가 있어서 시간이 더 걸릴 수도 있다.

금호21·22구역은 아직 재개발 초기 단계로, 구역지정을 계획하고 있어서 상당히 긴 시간이 필요하다. 하지만 장기적으로 기다릴 수 있다면 신흥 부촌인 옥수·금호동의 새 아파트를 선점한다는 측면에서 투자를 생각해볼 수도 있겠다.

금호23구역은 공공재개발 2차 후보지로 선정되면서 꺼진 불씨가 다시 살아나고 있다. 물론 공공재개발이라는 것이 LH 등이 조합의 역할을 하면서 인허가 절차 등을 단축해서 사업 속도를 빨리하겠다는 사업인데, 계획처럼만 된다면 공급확대와 공공성이라는 두 마리 토끼를 잡을 수 있다. 그런데 LH 투기 사태로 공공의 신뢰가 떨어졌고 2022년 대통령 선거와 지방자치단체장 선거가 있어서 정치 현실상 불확실성이 큰 것도 사실이다.

금호동 옆에는 행당동, 위쪽으로는 교통의 요지인 왕십리가 있다. 왕십리에는 왕십리뉴타운1~4구역을 개발한 텐즈힐과 센트라스, 왕십리자이가 있다. 왕십리와 금호동 사이의 신당6구역을 재개발한 래미안하이베르를 비롯해서 5·6호선 청구역으로의 접근성이 좋은 청구e편한세상(신당7구역)과 3·6호선 더블역세권인 약수역의 남산타운이 있다.

남산타운은 5,150세대이지만 경사도가 있고 2002년에 입주해서 새 아파트 프리미엄이 사라졌다. 그러나 2018년 초만 해도 전용면적 84m² 가격이 5억 원 초반대였지만 2021년 6월 기준 15억 원을 넘어서면서 서울 아파트 가격 상승세에 동참했다.

행당동에는 행당대림과 행당한진타운이 자리 잡고 있고, 한강 쪽으로 내려오면 행당6구역을 재개발한 서울숲리버뷰자이와 행당 7구역 재개발한 서울숲행당푸르지오, 서울숲더샵이 새 아파트 단지를 형성하고 있다.

한강을 따라 응봉동 대림강변과 대림1차도 있는데 대림1차는 입주연도가 1986년으로 재건축 기대감이 있지만, 용적률이 208%라서 리모델링을 추진하는 것이 오히려 더 적합할 것이다.

이렇듯 노후화된 아파트 단지들이 선호도가 높은 새 아파트 단지들로 변모하면서 젊은 층의 고급수요가 유입되고 있다. 그 영향으로 옥수와 금호동은 명실상부한 신흥 부촌이 되었고, 당분간 그 명성은 이어질 것이다.

<표41> 옥수·금호 일대의 주요 아파트

지역	동	아파트	입주연도	세대 수	비고
성동	옥수	한남하이츠	1982년	535	용적률 143%
		옥수하이츠	1998년	774	용적률 212%
		옥수극동	1986년	900	용적률 213%
		옥수삼성	1999년	1,114	용적률 263%
		옥수현대	1990년	566	용적률 200%
		래미안옥수리버젠	2012년	1,511	재개발(옥수12)
		e편한세상옥수파크힐스	2016년	1,976	재개발(옥수13)
	금호	금호1차푸르지오	2005년	336	재개발(금호10)
		서울숲푸르지오1차	2007년	888	재개발(금호11)
		신금호파크자이	2016년	1,156	재개발(금호13)
		서울숲푸르지오2차	2012년	707	재개발(금호14)
		e편한세상금호파크힐스	2019년	1,330	재개발(금호15)
		금호16구역			재개발 추진
		금호자이1차	2012년	401	재개발(금호17)
		금호자이2차	2012년	403	재개발(금호18)
		래미안하이리버	2012년	847	재개발(금호19)
		힐스테이트서울숲리버	2018년	606	재개발(금호20)
		금호21구역			재개발 추진
		금호22구역			재개발 추진
		금호23구역			공공재개발 추진
		두산	1994년	1,267	용적률 249%
		금호대우	2001년	1,181	용적률 290%
		벽산	2001년	1,707	용적률 219%
	상왕십리	텐즈힐1	2015년	1,702	재개발(왕십리1)
		텐즈힐2	2014년	1,148	재개발(왕십리2)
		센트라스1·2	2016년	2,592	재개발(왕십리3·4)
	하왕십리	왕십리자이	2017년	713	
	행당	행당대림	2000년	3,404	
		행당한진	2000년	2,123	
		서울숲리버뷰자이	2018년	1,034	재개발(행당6)
		서울숲행당푸르지오	2011년	457	재개발(행당7)
		서울숲더샵	2014년	495	
	응봉	대림강변타운	2001년	1,150	
		대림1차	1986년	855	용적률 208%
중구	신당	래미안하이베르	2011년	784	재개발(신당6)
		청구e편한세상	2011년	895	재개발(신당7)
		남산타운	2002년	5,150	

06

강남 4구,
고덕과 둔촌

강남 4구에 당당히 이름을 올리고 있는 강동구의 중심에는 둔촌과 고덕지구가 있다.
지하철 9호선 연장과 대규모 재건축 사업을 통해 변신 중인 강동구는 미래가 밝다.

강동구는 어느 순간 강남 4구에 이름을 올렸다. 최근 발표되는
정부의 부동산 대책 보도자료를 보면 '강남 4구'라는 용어를 사용
하고 있다. 1970년대 영동개발 프로젝트 이후 20년이 지나면서 강
남구와 서초구가 대한민국 최고 부촌에 올라섰고, 송파구가 그 뒤
를 이었다. 이 세 지역은 강남 3구에 이름을 올렸는데, 최근 강동구
가 강남 4구에 포함되었다.

우리나라에서 '강남'이라는 브랜드가 가지는 의미는 매우 크다.
대한민국에서 강남은 단순히 한강 이남이라는 지리적인 의미보다
는 최고급 커뮤니티를 가진 부촌을 상징하기 때문이다. 강동구는
서울의 동쪽에 위치해 서울에서 해를 먼저 맞이하는 지역이다. 약

6천 년 전 선사문화를 꽃 피우고 삼국시대 백제가 먼저 도읍을 정한 곳이 하남위례성으로, 그 중심 지역이 강동이다. 하지만 한강의 서쪽인 강서와 함께 한강의 동쪽인 강동은 2000년대까지만 해도 낙후된 지역 중 하나였다.

전두환 정부 시절에 500만 호 건설계획에 따라 서민 주거단지로 개발된 고덕과 둔촌지구는 어느덧 시간이 흘러 낙후된 주거지역이 되었다. 이러한 강동구에 2011년 고덕주공1단지를 재건축한 고덕 아이파크가 입주하면서 변화의 시작을 알렸고, 지하철 9호선 3단계 연장과 4단계 계획, 그리고 최근 대규모 재건축 사업이 결실을 맺으면서 미래가 기대되는 강남 4구에 당당히 이름을 올렸다.

강동구의 가장 큰 단점은 교통문제였다. 지하철 5호선이 연결되어 있지만 강남을 지나지 않는다. 천호역에서 8호선으로 갈아탄 후 잠실로 가서 2호선을 타야 한다. 이동 및 대기 시간까지 고려하면 고덕역에서 강남역까지 약 1시간은 잡아야 한다. 차를 타더라도 교통체증 때문에 빨리 갈 수가 없다. 말이 서울이지 수도권 지역과 별반 다를 것 없던 곳이 강동이었다.

하지만 지하철 9호선이 강동의 단점을 한번에 뒤집어버렸다. 2009년에 지하철 9호선이 개통되면서 강서구가 업그레이드된 것처럼, 강동구 역시 지하철 9호선 3단계 완공과 4단계 계획 덕분에 발전되었다.

2018년 3단계 구간이 개통되면서 강동구 둔촌동 보훈병원역까지 9호선이 연결되었고, 4단계 구간인 고덕까지 연장될 계획이 있다. 따라서 지금은 불편해도 교통문제는 시간이 해결해줄 것이다. 9호선이 고덕지구까지 개통되면 강남과 여의도를 지나 강서구 김포공항까지 갈 수도 있다. 그런데 9호선 개통으로 인해 강남 접근성이 좋아진다는 것만으로 강남 4구에 포함시키는 것은 말이 안 된다. 강남 4구가 되려면 교통뿐만 아니라 교육, 편의시설 등 주거환경이 업그레이드되어야 하고, 아파트 가치도 송파구의 80% 수준까지는 올라서야 한다.

송파구가 당당히 강남 3구에 이름을 올릴 수 있었던 결정적인 계기는 대규모 재건축 사업 때문이었다. 잠실주공1~4단지, 잠실시영을 재건축한 엘스, 리센츠, 트리지움, 레이크팰리스, 파크리오 등 2만여 세대의 새 아파트 단지가 2000년대 후반에 입주를 하면서 주거환경이 크게 개선되었다.

2000년대까지만 해도 송파를 강남 3구라고 하면 "어디 송파가 '강남' 이름을 붙이냐"라는 비아냥 소리도 일부 있었다. 그런데 대규모로 재건축하면서 미니 신도시급 새 아파트가 공급되었고, 기존 골드라인인 2호선에 새로운 골드라인인 9호선이 종합운동장까지 개통되면서 이제는 '강남 3구는 송파'라는 공식을 당당하게 인정받고 있다.

강동구의 강남 4구 프로젝트를 이끄는 곳은 단연 둔촌주공이다. 1980년에 입주한 둔촌주공은 저층인 1단지(1,372세대)·2단지(908세

출처: 둔촌주공재건축조합

대)와 중층인 3단지(1,480세대)·4단지(2,180세대), 총 5,930세대의 대단지 아파트다. 용적률이 개포지구와 비슷한 80%로 매우 낮아서 재건축 이야기만 나오면 빠지지 않는 곳이다.

입지는 강동구에서 최고다. 말이 강동구이지 송파 방이동 올림픽선수기자촌아파트와 올림픽공원에 인접해 있다. 여기에 2018년 골드라인인 지하철 9호선 보훈병원역이 개통되면서 새 아파트로 짓기만 하면 최고의 아파트는 따논 당상이다. 재건축도 마무리 단계로 특별한 변수가 없다면 2023년 하반기나 늦어도 2024년 상반기에는 올림픽파크에비뉴포레라는 이름의 1만 2,032세대의 대단지 아파트가 입주할 것으로 예상된다. 이는 송파 가락시영을 재건축한 9,510세대의 헬리오시티보다 더 큰 규모다. 물량이 나오는 시점에는 어쩔 수 없이 일시적으로 공급과잉의 후유증도 있겠지만, 이는 1~2년만 지나면 해결된다.

둔촌지구에서 북동쪽으로 더 올라가면 강동구 고덕동, 상일동, 명일동 일대에 신도시급 고덕지구가 나온다. 고덕지구 대부분의 아파트들이 1980년대에서 1990년대 초반에 공급되다 보니 세월의 흔적이 남아 노후화가 심하다. 다행히 재건축 사업이 진행 중이어서 미래는 밝다.

대략 3만 2천 세대 중 2만여 세대가 재건축 사업을 하고 있거나 추진 중이다. 규모면에서는 강남 개포지구와 강동 둔촌지구를 능가하는 대형 주거단지다. 대부분의 입주물량이 2019~2021년에 몰려 있기 때문에 입주물량의 영향을 피하기는 어려울 것 같다. 그렇다고 너무 걱정할 필요는 없다. 미래가치가 있는 지역이라면 결국 시간이 해결해주기 때문이다. 2007~2008년 잠실 일대에 2만 세대가 입주하면서 난리가 났을 때도 1년이 지나서는 언제 그랬냐는 듯이 해결되었다.

고덕지구의 재건축 사업 선두주자는 고덕동 고덕주공2단지(2,600세대)와 삼익그린12차(171세대)를 재건축해 2019년에 입주한 4,932세대의 고덕그라시움이다. 2011년에 입주한 고덕아이파크(고덕주공1단지 재건축)와 2017년에 입주한 고덕래미안힐스테이트(고덕시영 재건축)가 있지만 규모·입지·고덕3~7단지와의 연계성을 감안

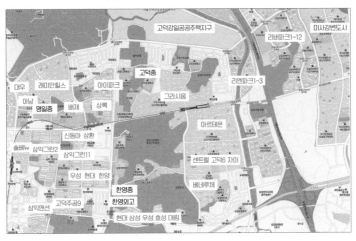
<그림43> 고덕지구 일대의 주요 아파트

하면 그라시움이 대표임에는 분명하다. 2011~2012년도에 고덕주공2단지에 투자했다가 부동산 시장 침체로 마음고생을 했던 분들이 필자 주변에도 있었는데, 결국 엄청난 투자수익률을 가져다주었다.

고덕그라시움에 이어 상일동 고덕주공3단지를 재건축한 고덕아르테온, 고덕숲아이파크(고덕4단지), 고덕센트럴아이파크(고덕5단지), 고덕자이(고덕6단지), 고덕롯데캐슬베네루체(고덕7단지)가 2019~2021년에 줄줄이 입주했다. 2021년까지 입주를 완료하고 나면 고덕 일대는 2만여 세대의 미니 신도시로 거듭나게 된다.

편의시설뿐만 아니라 대규모 고급 커뮤니티가 형성될 것이며 학군도 더 좋아지면서 고덕지구가 한 단계 업그레이드될 것은 분명한 사실이다. 예전의 고덕지구가 아니라는 말이다. 입주물량의 충격은 1~2년 정도의 일시적인 문제다. 10년 후에는 지하철 9호선까지 연결되면서 현재와는 전혀 다른 모습으로 거듭날 것이다.

명일동에는 고덕주공1~7단지 외에도 재건축을 추진하고 있거나 재건축 기대가 높은 아파트들이 제법 많다. 삼익그린1차를 재건축해서 2019년에 입주한 래미안솔베뉴가 있고, 용적률 300%, 35층, 3,300세대로 재건축할 계획인 삼익그린맨션2차가 있다. 그 외 신동아, 삼익그린11차, 명일우성, 고덕현대, 고덕주공9단지, 삼익맨션 등도 재건축 기대감이 높다. 다만 아직은 긴 시간이 필요할 것 같다.

한영외고 아래에 현대빌라, 삼성빌라, 상일우성타운 등 용적률이 낮은 저층빌라가 있는데, 지금이야 아무런 움직임이 없지만 장기적으로는 개발만 되면 숲세권에 9호선 연장 호재도 있어서 투자하기에 괜찮을 것이다.

고덕주공8단지는 어디에 있을까? 5호선 고덕역 1~3번 출구 앞에 있는 상록아파트가 바로 고덕주공8단지다. 이곳은 공무원 임대 아파트로 개발되어서 일반 아파트처럼 매매가 자유롭지 않기에 사람들의 관심에서 멀어져 있었다. 또한 재건축 추진을 두고 공무원연금공단과 강동구가 갈등을 빚고 있다. 하지만 탁월한 입지를 감안하면 공무원 임대 아파트였던 개포주공8단지를 재건축해서 대박을 친 디에이치자이개포처럼 재건축을 추진하고 있어 앞으로 또 다른 모습이 기대되는 곳이다.

고덕아남, 배재현대는 용적률을 감안하면 재건축 가능성이 낮다. 다만 9호선과 5호선 더블역세권인 고덕역 프리미엄을 기대할 수는 있다. 그래서인지 2014~2016년에 전세를 끼고 투자하는 갭투자 수요가 많이 유입되었다. 앞으로의 미래 모습이 기대되는 강동구 고덕과 둔촌이다.

<표44> 강동 고덕·둔촌 일대의 주요 아파트

지역	동	아파트	입주연도	세대 수	비고
강동	고덕	고덕래미안힐스테이트	2016년	3,658	재건축(고덕시영)
		고덕아이파크	2011년	1,142	재건축(고덕주공1)
		고덕대우	1986년	99	용적률 179%
		고덕아남	1996년	807	용적률 296%
		배재현대	1995년	448	용적률 399%
		고덕상록	1984년	800	고덕주공8단지
		고덕그라시움	2019년	4,932	재건축(고덕주공2)
	상일	고덕아르테온	2020년	4,066	재건축(고덕주공3)
		고덕숲아이파크	2018년	687	재건축(고덕주공4)
		고덕센트럴아이파크	2019년	1,745	재건축(고덕주공5)
		고덕자이	2021년	1,824	재건축(고덕주공6)
		고덕롯데캐슬베네루체	2019년	1,859	재건축(고덕주공7)
	명일	래미안솔베뉴	2019년	1,900	재건축(삼익그린1)
		삼익그린맨션2차	1983년	2,400	용적률 175%
		신동아	1986년	570	용적률 179%
		명일삼환	1992년	306	용적률 286%
		삼익그린11차	1986년	152	용적률 179%
		우성	1986년	572	용적률 182%
		고덕현대	1986년	524	용적률 180%
		고덕주공9단지	1985년	1,320	용적률 181%
		삼익맨션	1984년	768	용적률 174%
	둔촌	둔촌주공1단지	1980년	1,370	재건축 중
		둔촌주공2단지	1980년	900	재건축 중
		둔촌주공3단지	1980년	1,480	재건축 중
		둔촌주공4단지	1980년	2,180	재건축 중
		현대1차	1984년	498	용적률 179%
	길동	삼익파크맨숀	1982년	1,092	용적률 188%
		e편한세상강동에코포레	2020년	366	재건축(길동신동아3)
		길동신동아1·2차	1983년	972	용적률 167%

07

강남 5구,
흑석과 노량진

강남 5구를 꼽으라면 동작구 흑석과 노량진이다.
한강변이라는 우수한 교통환경에 뉴타운 개발로 거듭난 지역이기 때문이다.

강동구가 강남 4구라면 동작구는 강남 5구다. 아직 강남 5구라는 명칭이 사용되지는 않는다. 다만 시간이 더 지나면 분명 강남 5구라는 별칭에 동작구가 포함될 것이다. 그만큼 동작구의 발전 속도는 무척 빠르다.

동작구는 남쪽 상도동, 동쪽 동작동과 흑석동, 서쪽 본동과 노량진동으로 나뉘어 있다. 동작구의 변신을 주도하는 곳은 흑석과 노량진이다. 두 곳 모두 낙후된 지역을 전면적으로 개발하는 뉴타운 지역이다. 2000년대까지만 해도 흑석동과 노량진동은 서울 옥수, 금호동과 함께 경사도가 심한 한강변의 대표적인 낙후 지역이었다. 검은 돌(黑石)이 나온다는 마을인 흑석동은 경사도가 심한 골목으로 되어 있어서 택시조차 잘 들어가지 않으려고 했던 곳이었다. 그런데 이제는 강남 입성이 부담되는 사람들이 차선책으로 선택하는 부촌이 되었다.

흑석뉴타운에는 11개 구역이 있다. 2011년 흑석뉴타운의 입주 테이프를 처음 끊은 곳이 흑석5구역을 재개발한 흑석한강센트레빌1차다. 당시 비싸다는 비판도 있었지만 한강변 재개발 새 아파트라는 프리미엄 덕분에 투자자들은 높은 투자 수익을 얻었다.

2012년에 흑석한강푸르지오(흑석4구역)와 흑석한강센트레빌2차(흑석6구역)가 입주했고, 2018년에 롯데캐슬에듀포레(흑석8구역)와 아크로리버하임(흑석7구역)이 입주를 하면서 한강변 미니 신도시의 모습으로 거듭났다.

흑석7구역을 재개발한 아크로리버하임은 흑석동의 새로운 랜드마크가 되었다. 한강변 1,073세대의 대단지 아파트인 데다가 골드라인인 지하철 9호선 흑석역이 바로 코앞에 있다. 2021년 6월 기준으로 3.3m²당 7천만 원을 넘길 정도로 흑석에서 최고 수준의 가격을 자랑한다. 남은 구역 중에서는 흑석3구역이 이주를 완료하면서 2023년 흑석리버파크자이란 이름의 1,772세대 대단지로 재탄생될 것이다.

흑석9구역도 사업시행계획인가가 나면서 속도를 내고 있으며 흑석11구역은 조합설립인가가 난 상태로 신탁방식 재개발(한국토지신탁 사업대행자)을 추진하고 있다. 흑석1구역은 아직 추진위 승인

<그림45> 흑석7구역을 재개발한 아크로리버하임

초기 단계로 넘어야 할 산이 많다. 흑석10구역은 아쉽게도 해제가 되었다. 흑석1구역과 함께 추진위 단계로 지지부진하던 흑석2구역 은 정부의 공공재개발 1차 후보지에 선정되면서 기대감이 한층 높 아졌다.

다만 공공재개발이 제대로 진행될지는 불확실하고, 오세훈 서울 시장이 민간 재개발 활성화를 지지하면서 늘어난 선택지를 두고 보다 더 유리한 선택을 하려는 움직임이 생길 경우 추진 속도는 기 대와 달리 빠르지 않을 수도 있다.

흑석1구역 옆 한강 라인을 따라서는 1988년에 입주한 명수대현 대와 한강현대가 있다. 명수대현대는 흑석의 다른 새 아파트들의 가격이 상승하고 입주한 지 30년이 지나면서 재건축 기대감이 높 아지고 있다. 재건축이 되기만 한다면 한강 조망이 되는 멋진 아파

<그림46> 동작구 흑석과 노량진 일대

트가 될 것이다. 다만 200%가 넘는 높은 용적률을 감안하면 재건
축이 쉽지는 않을 것 같다. 아크로리버하임 옆에는 2009년에 입주
한 18세대 마크힐스가 있다. 18세대의 나홀로 아파트로 한강 조망
이 되는 대형 고급 주거공간이다.

흑석뉴타운의 날갯짓은 노량진뉴타운에도 힘을 불어넣고 있다.
'노량진' 하면 노량진수산시장과 고시촌이 먼저 떠오른다. 그런데
향후 뉴타운 사업이 완성되면 흑석처럼 새로운 모습을 볼 것이다.
북쪽에 지하철 1·9호선 노량진역, 남쪽에 7호선 장승배기역, 올림
픽대로, 남부순환로, 동작대교 등이 있어 교통환경이 좋고, 무엇보
다 한강변이라는 큰 장점이 있다.

특히 강남, 여의도, 광화문, 마포 등 서울 업무지역으로 접근성이
좋아서 출퇴근이 편리한 직주근접의 매력이 크다. 서부경전철, 동
작구청 이전 복합개발 등의 호재도 있다.

노량진뉴타운은 총 8개 구역, 8,100여 세대의 주택이 공급될 예정이다. 완만한 경사면은 있지만 대부분 평지이고, 구역에 따라서는 한강 조망까지 가능하다.

노량진1구역은 8개 구역 중에서 입지가 가장 좋고 면적이 넓어서 일반분양 물량이 많다. 사업성이 좋은 구역으로 조합설립인가를 받아 건축심의 준비 중에 있다. 하지만 조합설립인가 후 각종 소송으로 사업 진행이 늦어졌고 주택임대사업을 하는 고시촌에 인접한 조합원들의 반대 등으로 입주까지는 긴 시간이 필요하다.

2구역은 규모가 가장 작지만 역세권 개발 때문에 용적률이 403%로 가장 높다. 7호선 장승배기역과 초역세권으로 우수한 입지를 자랑한다. 사업 진행 속도도 빨라서 사업시행인가가 났다. 시공사가 SK건설로 선정되어 관리처분 준비 중이다.

3구역은 지하철 1·9호선 노량진역에서 가장 가까워서 1구역과 함께 한강 조망도 가능한 최고의 입지라는 평가를 받고 있다. 그동안 사업 진행 속도가 늦었지만 조합설립인가와 건축심의를 통과하면서 사업시행계획인가를 준비할 만큼 속도를 내고 있다.

4구역은 7호선 장승배기역에서 도보 5분 거리, 1·9호선 노량진역에서 도보 10분 거리다. 동작구 종합행정타운이라는 호재가 있고 2018년 사업시행인가를 받은 후 관리처분을 준비하고 있다. 노량진뉴타운 중앙에 위치한 5구역은 1·7·9호선 이용이 가능하고 타 구역에 비해 가격이 낮아서 아직까지는 저평가된 곳이다. 조합설립인가 후 건축심의를 받고 사업시행계획인가를 준비하고 있다.

6구역은 노량진뉴타운 중에서 사업 속도가 빠른 곳 중 하나로 사업성이 좋다는 평가를 받고 있다. 단지 내에 전시실, 공연장 등 문화예술회관이 건립될 예정이다. SK건설과 GS건설이 시공사로 선정되었으며 현재 관리처분 준비 중이다.

7구역은 2구역 다음으로 규모가 작고 입지도 타 구역에 비해 아쉽다. 다만 SK건설이 시공사로 선정되고 관리처분계획인가를 준비할 만큼 사업 진행 속도가 빠른 편이다. 영화초, 영등포중, 영등포고가 인접해서 교육을 고려하는 실수요자에게는 좋은 선택이 될 것이다.

노량진역과 대방역 사이에 위치한 8구역은 1,007세대의 대단지에 일반분양 비율이 높아 사업성이 좋은 구역이다. 게다가 한강 조망도 기대할 수 있다. 관리처분계획인가를 목표로 속도를 내고 있으며 7구역처럼 초·중·고등학교가 인근에 있고 지하철역을 이용하기에도 편리해서 여의도, 용산에 직장을 둔 실수요자들의 선호도가 높다.

흑석뉴타운과 노량진뉴타운 북쪽에는 본동 래미안트윈파크, 삼성래미안, 본동신동아가 있다. 2011년에 입주한 래미안트윈파크는 편의시설이 다소 부족하지만, 9호선 노들역 역세권에다 한강과 인접한 브랜드 아파트라는 점 때문에 비교적 높은 가격으로 형성되어 있다.

지하철 9호선이 개통되기 전까지는 7호선 라인인 상도동이 동작구에서 인기가 높은 지역이었다. 2018년에 입주한 e편한세상상도노빌리티를 비롯해 상도더샵1·2차, 상도래미안1~3차, 두산위브, 상도두산위브트레지움2차 등이 상도동에서 선호도가 높다.

<표47> 동작구 흑석과 노량진의 주요 아파트

지역	동	아파트	입주연도	세대 수	비고
동작	흑석	흑석1구역			재개발 추진
		흑석2구역			공공재개발 추진
		흑석리버파크자이	2023년 예정	1,772	재개발(흑석3)
		흑석한강푸르지오	2012년	863	재개발(흑석4)
		흑석한강센트레빌1차	2011년	655	재개발(흑석5)
		흑선한강센트레빌2차	2012년	963	재개발(흑석6)
		아크로리버하임	2019년	1,073	재개발(흑석7)
		롯데캐슬에듀포레	2018년	545	재개발(흑석8)
		흑석9구역		1,536	재개발 진행
		흑석10구역			재개발 해제
		흑석11구역		1,457	재개발 추진
		마크힐스	2009년	18	
		명수대현대	1988년	660	용적률 247%
		한강현대	1988년	960	용적률 237%
	노량진	신동아리버파크	2001년	1,696	용적률 324%
		노량진1구역		2,992	재개발 진행
		노량진2구역		421	재개발 진행
		노량진3구역		1,012	재개발 진행
		노량진4구역		860	재개발 진행
		노량진5구역		746	재개발 진행
		노량진6구역		1,499	재개발 진행
	대방	노량진7구역		614	재개발 진행
		노량진8구역		1,007	재개발 진행
	상도	e편한세상상도노빌리티	2018년	893	재개발(상도1)
		상도더샵1차	2007년	1,122	
		상도더샵2차	2014년	138	
		상도두산위브	2010년	190	
		상도두산위브트레지움2차	2016년	582	
		래미안상도2차	2003년	431	
		래미안상도3차	2004년	1,656	
	본동	래미안트윈파크	2011년	523	
		삼성래미안	2004년	477	용적률 248%
		본동신동아	1993년	765	용적률 237%

08

미디어 도시,
상암DMC

'쓰레기 산'이었던 난지도가 디지털미디어시티로 다시 태어났다.
어엿한 서울의 중심으로 자리를 잡은 상암DMC에 대해 알아보자.

필자가 자주 방문하는 곳 중 한 곳이 상암이다. 부동산 관련 방송 출연 때문인데, 디지털미디어시티(DMC)라는 이름에 걸맞게 상암에는 MBC신사옥, SBS프리즘타워, KBS미디어센터, YTN, 채널A, 국악방송, CJENM 센터 등 방송사 및 언론사가 집중되어 있다.

디지털미디어시티에는 방송사뿐만 아니라 여러 기업들이 있다. 그리고 2003년에 입주한 상암월드컵파크1~12단지 등 주거단지도 형성되어 있다. 베드타운이 아닌 미디어 관련 직장과 주거가 결합된, 진정한 자족도시 기능을 갖춘 곳이 바로 상암이다.

상암은 지하철 6호선, 공항철도, 경의중앙선이 지나고 강변북로 접근성이 좋아서 교통여건이 우수하다. 특히 공항철도를 이용하면

서울역, 마포 공덕, 마곡지구, 김포, 인천공항까지 쉽게 이동할 수 있다. 게다가 성산대교를 건너면 목동으로, 가양대교를 건너면 강서구로 연결된다. 강남 기준에서는 접근성이 다소 불편할 수 있지만 이는 강남의 입장일 뿐, 서울 서부권의 입장에서 상암은 교통의 요지다.

현재의 DMC가 된 것이 2002년 월드컵을 개최한 덕분이라고 해도 과언이 아니다. 상암의 뿌리는 과거 쓰레기 매립장이었던 난지도다. 과거의 난지도는 난꽃과 영지의 자생지로 유명했다. 이때 난지도(蘭芝島)는 난초(蘭草)와 지초(芝草)를 아우르는 말로, 이름에서도 아름다운 지역임을 알 수 있다.

지금이야 육지로 연결되어서 더 이상 섬이 아니지만, 예전에는 남쪽 홍제천, 북쪽 성산천, 동쪽 난지천으로 둘러싸인 272만m²의 범람원이었다. 선조들이 나라의 정사가 잘 되는지를 알려면 난지도의 난꽃을 보면 알 수 있다 했다. 그리고 좋은 풍수조건을 가진 갈대숲과 샛강이 잘 어우러진 명당이 바로 난지도였다.

난지도는 1978년 서울시의 쓰레기 매립장으로 지정되면서 무려 15년 동안 9,200만 톤의 쓰레기가 쌓였다. 그 결과 높이 100m, 길이 2km 정도가 되는 산이 되었다. 아름다웠던 곳이 남산의 1/3만큼 쓰레기 산이 된 것이다.

난지도는 쓰레기 반입이 중단된 이후에도 메탄가스와 침출수 때문에 환경이 악화되면서 더 이상 생물이 살 수 없는 죽은 땅이 되

있다. 그러다가 1996~2002년까지 환경오염 방지시설 안정화 공사를 거쳐 2002년 월드컵 경기장과 2003년 월드컵파크 1~12단지가 건립되었다. 약 7,700여 세대의 미니 신도시급 아파트였다.

쓰레기 산이었던 난지도에는 하늘공원, 평화의 공원, 노을공원 등 서울에서 볼 수 없었던 대규모 녹지공원이 만들어졌다. 그러면서 친환경 도시로 변모했고, MBC신사옥을 비롯해 다수의 방송사가 속속 입주했다. 그러면서 미디어 업무로 특화된 상암DMC로 다시 태어났다. 이제는 용산, 청량리, 창동·상계, 잠실, 가산, 마곡과 함께 서울의 2030도시기본계획에서 7개 광역중심 중 한 곳으로 당당하게 이름을 올릴 만큼 서울의 중심지가 되었다.

상암DMC 동북쪽 경의중앙선 지상철 구간을 넘어가면 수색증산뉴타운이 나온다. 북쪽으로 올라가면 고양향동지구가 있고 서쪽

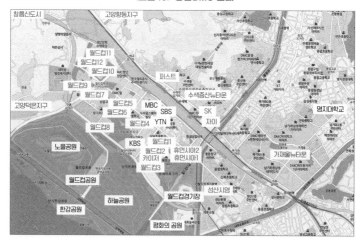

<그림49> 상암DMC 일대

으로 고양덕은지구와 연결된다. 덕은지구에서 더 올라가면 3기신
도시 중 한 곳인 고양창릉신도시가 있다.

　고양창릉신도시에는 813만m²에 3만 8천 호의 새 아파트가 건립
될 예정이다. 하남교산신도시와 함께 3기신도시 중에서 인기가 높
은 곳이다. 아마도 3기신도시 개발이 완료되면 서북부를 거점으로
하는 최고의 신도시가 될 것이다.

　수색증산에서 동쪽으로 더 넘어가면 새 아파트 단지로 거듭나고
있는 가재울뉴타운이 나온다. 남동쪽에서 월드컵경기장을 넘어가
면 성산시영을 비롯해 마포 성산동 아파트들이 있다. 이 주변의 아
파트를 하나의 DMC 구역으로 묶기에는 다소 무리가 있다. 하지만
상암DMC를 중심으로 서로 시너지를 내면서 서울 서북부의 중심

지로 성장해갈 것이다. 특히 3기신도시인 고양창릉신도시가 개발되면서 GTX 등 지하철과 도로 여건이 크게 개선될 예정이다. 이때 그 관문이 바로 상암DMC가 될 것이다.

상암DMC에는 2003년에 입주한 7,700여 세대의 월드컵파크 1~12단지가 있다. 이 중 임대 아파트인 1단지를 제외하고 2~7단지가 사람들의 선호도가 높은 편이다. 특히 트리플역세권인 디지털미디어시티역으로의 접근성이 좋은 2단지와 방송업무지구가 가까운 4~5단지의 인기가 조금 더 높다.

지금은 무산되었지만 초고층 랜드마크 빌딩이 제대로 개발되었다면 상암 전체는 물론이고 2~4단지는 더욱 날개를 달았을 것이다. 2009년에 입주한 상암휴먼시아1·2단지는 디지털미디어시티역 접근성이나 입주연도 면에서는 유리하지만, 세대 수가 적고 주변 환경이 다소 쾌적하지 않아서 앞서지는 못하고 있다.

상암월드컵파크3단지 위로 가면 개그맨이자 사업가인 주병진 씨가 거주하는 200평 펜트하우스가 있는 상암카이저팰리스클래식이 있다.

상암DMC는 규모와 대표성 면에서 아쉽다. DMC를 대표하는 아파트인 월드컵파크1~12단지를 모두 합치면 약 7,700세대다. 물론 작은 규모는 아니다. 그런데 미디어 자족도시 기능을 갖추었다고는 하지만 그렇다고 신도시급 택지지구는 아니다.

처음 개발을 할 때 북쪽의 수색증산뉴타운과 고양향동지구, 왼

쪽의 고양덕은지구까지 합쳐서 신도시급으로 개발했다면 주택문제 해결에도 도움이 되고 더 좋은 기능을 지닌 주거지역이 되지 않았을까 하는 아쉬움이 남는다.

그리고 무산된 랜드마크 빌딩도 두고두고 아쉽다. 지상 133층으로 된 호텔, 아파트, 백화점, 컨벤션센터 등이 입점하는 빌딩은 총 사업비 3조 6,783억 원, 2015년 준공을 목표로 추진되었다. 그런데 2008년 금융위기에 따른 자금 확보 및 투자성 약화 문제로 무산되었다. 이후 지금까지 제대로 개발이 안 되고 있다. 잠실 제2롯데월드타워처럼 상암에도 이 빌딩이 멋지게 올라갔다면, 상암의 가치는 한 단계 성장했을 것이다.

<표50> 상암DMC 대표 아파트

지역	동	아파트	입주연도	세대 수	비고
마포	상암	상암월드컵파크1단지	2003년	820	공공임대
		상암월드컵파크2단지	2003년	657	
		상암월드컵파크3단지	2003년	540	
		상암월드컵파크4단지	2006년	761	
		상암월드컵파크5단지	2005년	436	
		상암월드컵파크6단지	2005년	484	
		상암월드컵파크7단지	2005년	733	
		상암휴먼시아1단지	2009년	213	
		상암휴먼시아2단지	2009년	184	
		상암카이저팰리스	2010년	240	

09

서울의 마지막 택지지구,
마곡지구

벼농사를 짓는 곳이었던 마곡동이 천지개벽을 했다.
상암DMC를 뛰어넘는 신흥 부촌으로 자리 잡은 마곡지구를 살펴보자.

강서구는 1963년 김포군에서 영등포구로 편입되었다가 1977년 영등포구에서 분구되었다. 서초구 다음으로 면적이 넓고 송파구 다음으로 인구가 많은 지역이다. 강서구 인구는 60만 명이 넘을 정도로, 이는 어지간한 지방 도시보다 큰 규모다.

강서구는 서울시에서 유일하게 벼농사를 짓는 지역으로 유명했다. 마곡동 일대에서 벼농사를 지었는데, 예전에 마곡동 농지를 보고 '아직도 서울에 이런 농지가 있다니' 하면서 놀랐던 기억이 난다. 벼농사를 짓던 마곡동이 마곡도시개발사업으로 천지개벽했다. 그러면서 첨단 산업단지가 어우러진 명품 주거단지가 되었다. 아직도 김포공항 인근 과해동, 개화동, 오곡동 일대에는 논이 일부 남아 있기는 하지만, 사실상 서울에서 농사를 짓는 땅은 없다고 봐야 한다.

9호선이 개통되기 전까지는 5호선을 따라 우장산역 주변 화곡주공과 화곡1~3주구를 재건축한 화곡푸르지오, 우장산힐스테이트, 우장산아이파크e편한세상, 강서힐스테이트 등이 랜드마크 역할을 했다. 그러면서 강서구에서 인기를 끌었다.

그런데 2009년에 서울의 동서를 가로지르는 지하철 9호선이 개통되면서 무게중심은 9호선을 따라 재편되었고, 강서구 가양동, 등촌동, 염창동 일대의 아파트 가치가 업그레이드되었다.

서울의 다른 구에 비해서 저평가 지역이던 강서구는 마곡지구 개발로 차원이 다른 날개를 달았다. 농지였던 마곡지구 아파트 가격이 DMC의 아파트 가격을 넘길 줄 누가 알았겠는가.

2014년에 입주한 마곡엠밸리1~7단지와 14·15단지의 3.3m²당 분양가는 1,200만 원 내외로, 전용면적 84m²(분양면적 34평) 분양가가 4억 원 정도였다. '그때 무조건 잡았어야 했는데'라고 생각하겠지만, 당시 부동산 시장의 분위기가 그리 좋지 않았다. 그래서 당시 매수자들은 많이 불안해하면서 부동산을 구입했다. 아마 마곡지구의 가치가 이 정도까지일 줄은 상상도 못했을 것이다.

필자도 마곡지구가 좋아질 것은 확신했지만 아파트 가격이 이렇게나 올라갈 줄은 미처 몰랐다. 당시 불안해하는 고객에게 너무 걱정말라고, 마곡지구의 가치를 믿고 기다리면 6억 원 이상은 갈 것

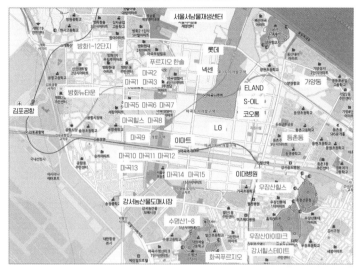

〈그림51〉 마곡 일대의 아파트

이라고 말했던 기억이 난다. 그런데 2021년 6월 기준, 전용 84㎡ 아파트 가격이 15억 원을 넘어서고 있으니 놀라울 뿐이다.

여러 부동산 대책을 발표했음에도 부동산 시장이 살아나지 않았다. 그러자 박근혜 정부는 2013년 4월 1일부터 12월 31일까지 1주택자가 소유한 주택을 취득하는 경우 5년간 양도세를 100% 감면해주는 양도세 특례 카드를 꺼내들었다. 결과적으로 그 당시 구입했던 사람들은 분양가 대비 3배 정도 시세 차익을 냈는데도 양도세를 내지 않아도 되었다. 한마디로 '대박'이었다.

원래 마곡지구는 2002년 서울월드컵경기장으로 유치하려 했던 부지였다. 하지만 월드컵경기장이 상암으로 결정되면서 마곡지구는 신도시 사업 대상으로 변경되었다. 마곡지구의 브랜드명은 엠밸리(M Valley)로, 아파트 이름 역시 마곡엠밸리다. 어찌되었든 결과적으로 전화위복이 된 셈이다.

마곡지구의 개발 면적은 366만 5,783m²(110만 8,840평)다. 신도시보다는 다소 작은 규모이지만 서울이라는 점을 감안하면 결코 작다고 할 수 없다. 특히 아파트의 주거시설과 상가의 편의시설 위주로 개발된 다른 신도시와 달리, 마곡지구는 주거와 산업, 공원이 결합된 복합도시로 개발되었다. 그 결과 현재의 마곡지구 엠밸리 가격이 상암DMC 아파트 가격을 뛰어넘을 수 있었다.

마곡지구를 보면 1지구(주거단지 106만 6,199m²), 2지구(산업업무단지 190만 2,488m²), 3지구(공원보합단지 69만 7,096m²)가 있고, 산업단지도 형성되어 있다. LG, 롯데, 코오롱 등 대기업을 포함해서 117개사가 입주할 계획이고 이미 80여 개 기업이 입주를 완료했다. 마곡지구 기업체에 근무하는 사람이 16만 명이나 된다고 하니 이는 엄청난 수요다. 물론 마곡지구 기업체 근무자 전부가 마곡지구에 거주하거나 투자하는 것은 아니다. 다만 능력이 있는 핵심 수요층이 두텁다는 것은 분명한 사실이다.

마곡을 대표하는 기업인 LG를 살펴보자. 17만 6,707m² 면적에 3조 2천억 원을 투입한 LG사이언스파크에는 LG전자, LG화학 등 LG계열 10개 사가 입주했다. 그 결과 고용 인원이 2만 명이 되었다.

마곡은 주거·산업·공원이 결합된 복합도시에 걸맞게 교통여건

도 훌륭하다. 지하철 5호선과 골드라인인 9호선, 그리고 공항철도까지 연결되면서 명실상부한 서남권 교통의 요지다. 9호선으로 여의도, 강남, 강동으로 갈 수 있고, 5호선과 공항철도로 광화문과 서울역을 쉽게 갈 수 있다. 여기에 김포공항까지 인접해 있으니 더이상 말이 필요없다. 열린숲공원, 호수공원, 습지생태원, 식물원 등녹지 공간도 훌륭하다.

마곡지구의 복합개발 덕분에 마곡엠밸리는 날개를 달았다. 마곡엠밸리1~7단지와 14·15단지는 2014년에 입주했는데, 2021년 기준으로 가격이 분양가 대비 4배나 상승했다. 그러니 분양을 받았거나미리 매수한 사람이라면 엄청난 기회를 잡은 것이다.

마곡지구 아파트는 SH(서울주택도시공사)가 비교적 낮은 분양가로지어서 아파트 자체가 고급스럽지는 않다. 입주 당시 조경이나 아파트 내부 구조와 인테리어를 보고 실망한 사람들이 제법 많았다.

하지만 아파트의 가치는 콘크리트 구조물보다 입지와 주변 환경이 더 중요하다는 것을 마곡엠밸리가 입증하고 있다. 9호선 신방화역 주변 엠밸리1·3·5·6단지의 선호도가 높고 마곡힐스테이트와 8단지, 마곡나루역 접근성이 좋은 7단지도 인기가 높다. 5호선 마곡역 주변 10~15단지도 충분한 가치가 있다. 2020년 마곡의 마지막 남은 로또 분양인 마곡엠밸리9단지 분양이 있었는데, 1순위 청약 경쟁률이 평균 146.82 대 1로 엄청났다.

마곡지구 내 마곡엠밸리만 대박이 난 것은 아니다. 마곡지구 개발 효과와 엠밸리 단지들의 가치가 급상승하면서 주변 아파트의 가치도 덩달아 올랐다. 엠밸리2단지와 인접한 마곡한솔솔파크나 마곡푸르지오를 비롯해 방화동의 아파트도 큰 폭으로 상승했다. 2013~2014년만 하더라도 방화동 아파트는 2천만~3천만 원만 있으면 전세를 끼고 투자하는 갭투자가 가능했다. 그런데 지금은 2억 원을 투자해도 살 수 없는 아파트가 되어버렸다. 이는 마곡지구의 힘 때문이다.

내발산동 수명산파크1~8단지 역시 마곡지구의 영향으로 가치 상승의 덕을 보았다. 그래서인지 아파트 이름에도 '마곡'을 붙여서 마곡수명산파크로 변경했다.

방화1~12단지 아파트들은 1994년에 입주해 노후화가 진행되고 있으나 용적률이 200%를 넘기고 있어서 재건축을 추진하기에는 쉽지 않아 보인다.

<표53> 마곡지구 일대의 주요 아파트

지역	동	아파트	입주연도	세대 수	비고
강서	마곡	마곡엠밸리1단지	2014년	237	
		마곡엠밸리2단지	2014년	408	
		마곡엠밸리3단지	2014년	315	
		마곡엠밸리4단지	2014년	420	
		마곡엠밸리5단지	2014년	439	
		마곡엠밸리6단지	2014년	1,466	
		마곡엠밸리7단지	2014년	1,004	
		마곡엠밸리8단지	2016년	531	
		마곡엠밸리9단지	2021년	1,529	
		마곡엠밸리10단지	2016년	550	
		마곡엘밸리11단지	2016년	347	
		마곡엠밸리12단지	2016년	363	
		마곡엠밸리13단지	2017년	1,194	
		마곡엠밸리14단지	2014년	1,270	
		마곡엠밸리15단지	2014년	1,171	
		마곡힐스테이트	2017년	603	
		마곡한솔솔파크	2005년	258	
	방화	마곡푸르지오	2008년	341	
		방화2단지	1993년	2,547	용적률 204%
		방화3단지	1994년	506	용적률 211%
		방화5단지	1994년	1,372	용적률 175%
	내발산	마곡수명산파크1단지	2007년	1,421	
		마곡수명산파크2단지	2007년	629	
	화곡동	우장산힐스테이트	2005년	2,198	재건축(화곡1주구)
		우장산아이파크e편한세상	2008년	2,517	재건축(화곡2주구)
		강서힐스테이트	2015년	2,603	재건축(화곡3주구)
		화곡푸르지오	2002년	2,176	재건축(화곡주공)

10

영등포의 부활,
신길

낙후된 구도심의 대명사였던 영등포가 달라지고 있다.
영등포의 부활을 이끄는 곳은 단연 신길뉴타운이다.

영등포는 한때 서울을 호령했던 서울의 중심지였다. 1970년대 강남개발 프로젝트명이 영동개발이었고, 지금 강남 개포에서 삼성동을 가로질러 성수로 이어지는 영동대로와 영동대교를 보면 역시 '영동'이라는 말이 나온다. 영동은 '영등포의 동쪽'이라는 의미다. 한때 제대로 된 이름도 없어서 영동이라 불렸던 강남은 현재 최고의 부촌이 되었다.

한때 서울을 호령했던 영등포는 세월이 지나 도시 노령화가 진행되면서 옛 영광을 잃었다. 강서구, 양천구, 구로구, 금천구, 관악구, 동작구, 서초구 등 과거 영등포구에 속했던 지역들이 영등포보다 더 발전하고 집값도 더 올랐으니 말이다. 물론 여의도도 영등포구에 속하지만 강남과 함께 체계적으로 개발된 여의도를 영등포구 도심과 함께 묶을 수는 없다. 그렇다고 실망하기에는 이르다. 낙후된 구도심의 대명사였던 영등포가 달라지고 있기 때문이다.

영등포의 부활을 이끄는 곳은 단연 신길뉴타운이다. 비탈진 지형과 노후주택이 많았던 신길동은 여의도에 가깝다. 그런데 공장 시설이 노후화되고 공군회관, 해군회관, 서울지방병무청 등 일부 군사 관련 시설이 있어서 도시의 슬럼화를 가속화시켰다. 그러다가 1993년 주요 군사시설이 계룡시로 이전되고, 2006년에 신길뉴타운으로 지정되면서 변화의 물결이 시작되었다.

아직 낙후된 시설들이 남아 있지만 신길뉴타운 개발로 대단지 새 아파트가 속속 들어서면서 변신을 하고 있다. 신길뉴타운은 전체 면적이 146만m²로, 서울의 뉴타운 중 3번째로 큰 규모다. 학군이 약하다는 단점이 있지만, 늘어나는 새 아파트에 비례해 고급 수요가 늘어나면서 학군과 편의시설은 개선될 것이다.

또한 지하철 1·5·7호선을 통해 강남, 여의도, 광화문, 가산디지털단지, 구로디지털단지 등으로 쉽게 접근할 수 있고, 인근에 영등포 타임스퀘어와 현대백화점 디큐브시티 등이 있어서 생활 인프라도 좋다.

그리고 안산 시흥에서 광명, 서울 구로를 지나 영등포와 여의도까지 연결되는 신안산선 신풍역이 바로 신길뉴타운 12구역(센트럴자이)과 13구역, 14구역(신길센트럴아이파크) 쪽으로 2025년에 개통될 예정이다. 여의도와 서울대를 잇는 신림선 경전철 보라매역도 2022년에 연결될 예정이다.

신길뉴타운은 총 16구역으로 되어 있다. 5구역(보라매SK뷰), 7구역(래미안에스티움), 8구역(신길파크자이), 9구역(힐스테이트클래시안), 11구역(래미안프레비뉴), 12구역(센트럴자이), 14구역(신길센트럴아이파크)은 입주를 완료한 상태다.

2014년 가을, 신길7구역을 재개발해 2017년에 입주한 래미안에스티움 일반분양이 있었다. 당시 필자가 구로디지털단지역 부근을 지나가던 길이었는데, 길거리에서 분양 광고를 담은 물티슈를 받았던 기억이 난다. 요즘 같은 분위기였다면 굳이 홍보를 안 해도 완판되었을 텐데, 당시는 서울 아파트 분양도 이렇게 홍보했어야 하던 시절이었다.

1,722세대 중 788세대가 일반분양을 했다. 전용 84m^2(34평형) 일반분양 가격이 5억 원 중반 정도였다. 당시 2012년에 바닥을 찍고 2013년부터 거래량이 조금씩 회복되었지만 본격적으로 상승할지 아니면 다시 하락할지 반신반의하던 때인지라, '영등포가 5억원 중반이라니 비싸다'라는 분위기였다. 그랬던 래미안에스티움이 2021년 6월 기준으로 16억 원을 넘기면서 거침없이 상승하고 있다.

낙후된 구도심의 대명사였던 신길이 마포에 버금갈 정도로 상승할 줄 누가 알았겠는가? 이는 영등포 신길의 숨겨진 힘 때문이다. 신길5구역을 재개발해서 2020년에 입주한 보라매SK뷰는 2017년

1,546가구 중 743가구를 일반분양했다. 이때 1순위 평균 청약 경쟁률이 27.68 대 1을 기록할 정도로 인기를 끌었다.

신길12구역을 재개발해서 2020년에 입주한 센트럴자이 역시 2017년 1,008가구 중 350가구가 일반분양으로 나와 무려 56.9 대 1이라는 청약 경쟁률을 보였다.

'신길뉴타운 불패'는 힐스테이트클래시안(신길9구역)에서도 확인되었고, 2019년 일반분양을 한 더샵파크프레스티지(신길3구역)도 대박의 행진을 이어갔다. 더샵파크프레스티지는 799세대 아파트로, 2022년 입주를 앞두고 있다.

신길1구역은 조합설립인가를 받은 후 지지부진하다가 2021년 공공재개발 2차 후보지에 선정되어서 기대감이 커지고 있다. 조합설립인가를 받고 제대로 추진이 안 되던 2구역과 구역해제가 되었던 4구역, 그리고 15구역은 2021년 도심 공공주택 복합사업의 1차

선도사업 후보지로 선정되어 꺼진 불씨가 되살아났다.

공공재개발과 공공주택 복합사업에 대해 알아보자. 공공재개발은 토지 수요자들이 조합을 만들어서 사업시행계획, 관리처분계획을 해서 진행하던 기존 재개발 방식에서 조합의 역할을 공공이 하고 용적률을 올리고 절차를 간소화해서 사업성 보장·기간 단축으로 공공임대 등 공공 기여를 늘리겠다는 사업이다.

이에 반해 2021년 2·4대책에서 선보인 '3080공공주도 도심 공공주택 복합개발사업'은 토지 소유주들이 소유권을 가지는 재개발사업과 달리, 사업 기간 동안 LH 등 공공이 토지 소유주들의 동의를 받아 토지를 납입받은 후 소유권을 가진 상태에서 사업을 하고, 용적률 완화, 절차 등을 간소화해 사업성을 높여 동의해준 토지 소유주들에게 이익을 주면서 공공 기여도 늘리겠다는 사업이다.

사업이 지지부진하던 신길13구역은 공공재건축 선도사업 후보지로 선정되었다. 최고 35층 역세권 고층 단지로 개발될 예정이다. 계획대로 된다면야 좋겠지만 아직 공공재건축, 공공재개발, 도심 공공주택 복합개발사업이 계획만 나왔을 뿐 본격적으로 진행되어서 완성된 사례는 없다. 오세훈 서울시장이 민간 정비사업 활성화를 추진하겠다는 입장이기에 시간을 두고 지켜봐야 한다.

신길6구역은 구역해제가 된 후 이렇다 할 움직임을 보이지 않고, 신길10구역은 남서울아파트 재건축 사업으로 건축심의 완료 후 사업시행계획을 준비하고 있다.

물론 영등포에 신길뉴타운만 있는 것은 아니다. 1호선 영등포역 북쪽, 5호선 영등포시장역 부근에 영등포뉴타운이 있다. 영등포 재정비촉진지구는 중심 지형의 고밀도 사업방식으로 추진되며 총 3,552세대로 개발되는 사업이다. 영등포1-2구역은 아파트 220세대와 오피스텔 70실로 개발되며 계룡건설이 수주했다.

영등포1-3구역을 111세대 오피스텔로 개발해 2020년에 입주한 포레나영등포센트럴은 당초 영등포꿈에그린으로 추진되다가 포레나영등포센트럴로 변경되었다. 영등포1-4구역인 아크로타워스퀘어는 1,221세대 대단지 아파트이며 2017년에 입주했다.

영등포1-11구역은 서울 최초의 주상복합 아파트인 동남아파트 (1, 2층 상가, 4층부터 아파트)가 있는 구역으로, 조합원 수가 상대적으로 적어서 사업성이 좋다는 평가를 받고 있다. 조합설립인가를 받고 사업이 진행되고 있다.

영등포1-12구역은 상가가 대부분인 지역으로, 2019년 조합설립인가가 나서 사업이 추진되고 있다. 영등포1-13구역은 659세대 규모로 빠르게 진행되는 구역이다. 사업시행계획인가를 받은 후 조합원 분양신청도 마쳤다. 시공사는 대우와 두산 컨소시엄으로 결정되었다. 1-12구역과 1-13구역 사이에 위치한 1-14구역은 사업이 지지부진한 상태다. 1천 세대 이상 대단지로 개발이 될지, 아니면 무산이 될지는 지켜봐야 할 것 같다.

1호선 영등포역을 기준으로 남쪽 신길뉴타운과 북쪽 영등포뉴

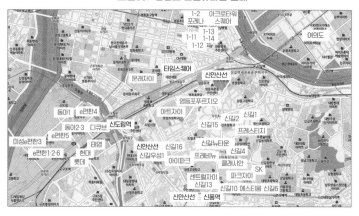

<그림55> 영등포 신길뉴타운 일대

타운의 개발이 완료되면 한층 업그레이드된 영등포의 모습을 볼 것이다. 신길뉴타운 서쪽으로는 1·2호선 더블역세권인 신도림역을 중심으로 하는 주거단지들이 있다. 행정구역으로 보면 구로구이지만 생활권은 영등포에 가까운 곳이다. 지하철 유동인구가 많기로 유명한 신도림역을 끼고, 옛날 대성 연탄공장 부지에 건축된 디큐브시티 개발로 업그레이드되었다.

2011년에 건축된 디큐브시티는 524세대 주상복합 아파트다. 현대백화점과 쉐라톤워커힐호텔이 입점해서 도시 전체를 살렸다는 평가를 받았다. 신도림 태영, e편한세상1·2·4·5차, 동아1·2·3차 등이 인기가 높다. 서울 아파트 상승세에 동참하면서 큰 폭으로 가격이 상승한 곳이다.

<표56> 영등포 신길 일대의 주요 아파트

지역	동	아파트	입주연도	세대 수	비고
영등포	신길	신길1구역			공공재개발 추진
		신길2구역			공공주택 복합사업 추진
		더샵파크프레스티지	2022년 예정	799	재개발(신길3)
		신길4구역			공공주택 복합사업 추진
		보라매SK뷰	2020년	1,546	재개발(신길5)
		신길6구역			구역해제
		래미안에스티움	2017년	1,722	재개발(신길7)
		신길파크자이	2020년	641	재개발(신길8)
		힐스테이트클래시안	2020년	1,476	재개발(신길9)
		신길10구역			사업시행계획 준비
		래미안프레비뉴	2015년	949	재개발(신길11)
		신길센트럴자이	2021년	1,008	재개발(신길12)
		신길13구역			공공재건축 추진
		신길센트럴아이파크	2019년	612	재개발(신길14)
		신길15구역			공공주택 복합사업 추진
		신길우성1차	1986년	688	용적률 176%
		신길우성2차	1986년	725	용적률 191%
		신길우성3차	1989년	477	용적률 176%
	영등포	영등포1-2구역		192	조합설립인가
		포레나영등포	2020년	182	영등포1-3
		아크로타워스퀘어	2017년	1,221	영등포1-4
		영등포1-11구역		715	조합설립인가
		영등포1-12구역		413	조합설립인가
		영등포1-13구역		642	사업시행인가
		영등포1-14구역		184	이전고시
		영등포푸르지오	2002년	2,462	
		영등포아트자이	2014년	836	
구로	구로	디큐브시티	2011년	524	
		신도림태영타운	2000년	1,252	
		신도림4차e편한세상	2003년	853	
		신도림동아1차	1999년	1,095	
		신도림동아2차	2000년	655	
		신도림동아3차	2000년	813	
		신도림대림1·2차	1999년	2,298	
		신도림대림5차	2003년	362	

2부 서울의 신흥 부촌을 잡아라

양도소득세 중과 피하기

양도소득세(이하 양도세)는 여러 세금 중에서 가장 민감하고도 중요한 세금이다. 그도 그럴 것이 투자 수익의 일정 부분을 국가가 가져가는 세금이기 때문이다. 투자를 잘해도 절세를 못하면 그저 애국자가 될 뿐이다

2017년 8·2대책에서 다주택 보유자 양도세 중과 규정이 생겼다. 2주택 50%, 3주택 이상 60%였던 과거에 비해, 조정대상지역을 대상으로 중과 여부를 판단하며 일반세율에 가산하는 방법으로 중과하도록 했다.

노무현 정부 시절에 2주택이면 양도세율이 50% 적용되었다면, 2017년 8·2대책 이후 중과대상이 되면 일반세율 6~42%에 10%p가 가산되어 16~52%가, 3주택 이상이면 20%p가 중과되어 26~62%라는 높은 세율이 적용되었다.

2021년부터 10억 원을 초과하면 최고세율이 45%로 늘어났고

양도소득세율 및 다주택 중과세율

구분	과세표준 기준	일반세율	중과세율	
			2주택	3주택 이상
일반세율	1,200만 원 이하	6%	+10%p, 21.6.1 이전 +20%p	+20%p, 21.6.1 이후 +30%p
	4,600만 원 이하	15%		
	8,800만 원 이하	24%		
	1억 5천만 원 이하	35%		
	3억 원 이하	38%		
	5억 원 이하	40%		
	10억 원 이하	42%		
	10억 원 초과	45%		

2021년 6월 1일 이후 양도부터는 10%p가 더 중과되었다. 따라서 조정대상지역 2주택이면 26~65%, 3주택 이상이면 36~75%(지방소득세까지 포함하면 82.5%)라는 어마어마한 징벌적 중과세율이 적용된다. 더군다나 중과대상이 되면 세율 강화뿐만 아니라 장기보유특별공제도 적용받을 수 없는 만큼, 양도세 중과 대상에 포함되지 않는 것은 매우 중요한 절세 전략이다.

양도세 중과 주택 수 포함 여부 체크

조정대상지역인 서울에 1채, 비조정대상지역인 경기도 의정부에 2채를 보유해서 3주택인 경우를 생각해보자. 조정대상지역인 서울 집을 팔 때는 3주택 중과세가 적용되지만 의정부 집을 팔 때는 중과세가 적용되지 않는다. 다만 의정부 집은 중과대상이 되지 않지만 양도세 중과 주택 수에는 포함되어서 서울 집을 팔 때는 3주택에 들어가 영향을 준다.

이렇듯 자기 자신은 중과 대상이 아니지만 중과 주택 수에는 포함되어서 다른 조정대상지역 집을 팔 때 양도세 중과를 시키지는 않는지 그 여부를 따져볼 필요가 있다.

1) 수도권, 광역시, 특별자치시 이외 지역에 소재하는 3억 원 이하 주택

조정대상지역 내 주택은 양도세 중과 주택 수에도 포함되고 팔 때 중과대상도 된다. 조정대상지역이 아닌 지역이라도 표에서 보듯이 서울, 경기(읍·면 지역 제외), 인천(군 제외), 광역시[군 제외, 세종(읍·면 제외)] 주택과 지방 및 경기 읍·면, 광역시 군 지역 공시가격 3억 원 초과 주택은 의정부 사례처럼 자기 자신은 양도세 중과 대상이 되지 않지만, 보유한 조정대상지역 주택을 팔 때 중과대상으로 만든다.

조정대상지역인 서울에 1채, 비조정대상지역인 포천에 2채를 보유한 경우 포천 집을 팔 때는 중과대상이 되지 않지만 주택 수에는 들어가 3주택이 된다. 그래서 서울 집을 팔 때 3주택 중과가 되는 것이다.

반면에 지방 및 경기 읍·면, 광역시 군 지역 공시가격 3억 원 이

양도세 중과 주택 수 포함기준

구분	내용
양도세 중과 대상	조정대상지역
양도세 중과 주택 수 포함	서울, 경기(읍·면 지역 제외), 인천(군 제외), 광역시(군 제외), 세종(읍·면 제외) 주택 지방과 경기/세종(읍·면), 광역시(군) 지역 공시가격 3억 원 초과 주택
양도세 중과 주택 수 미포함	지방과 경기/세종(읍·면), 광역시(군) 지역 공시가격 3억 원 이하 주택

하 주택은 자기 자신이 중과대상이 되지 않는 것은 당연하고, 보유하고 있는 조정대상지역 주택에도 영향을 미치지 않는다.

예를 들어 전라남도 해남에 3억 원 이하 주택이 2채 있고 서울에 1채가 있는 경우, 서울 주택을 팔 때 해남 집은 중과 주택 수에 포함되지 않아 양도세 일반세율 6~45%가 적용된다. 다만 지방이어도 공시가격 3억 원을 초과하면 중과 주택 수에 포함되므로 서울 주택을 팔 때 양도세 중과가 된다.

내가 보유한 주택이 조정대상지역에 포함되는지, 그리고 서울, 경기, 광역시 소재인지, 읍·면, 군 지역이거나 지방이어도 3억 원을 초과하는지가 중요한 체크 포인트가 된다.

2) 입주권·분양권

재건축·재개발 정비사업 입주권 역시 양도세 주택 수에 포함되지만 입주권을 팔 때는 중과가 되지 않는다. 분양권은 2021년 이후 양도분부터 양도세 중과 주택 수에 포함이 된다. 물론 2021년 이후

구분		2021.6.1 이전			2021.6.1 이후	
		주택 외 부동산	주택, 입주권	분양권	주택, 입주권	분양권
보유 기간	1년 미만	50%	40%	조정대상지역 50%	70%	70%
	2년 미만	40%	기본세율		60%	60%
	2년 이상	기본세율	기본세율		기본세율	60%

입주자 모집공고가 나온 주택의 분양권이 대상이다. 참고로 분양권을 팔 때는 일괄 50%의 높은 양도세율이 적용되며, 2021년 6월 1일 이후에는 더 강화된다.

3) 임대사업용 주택

임대사업용 주택도 양도세 중과를 피할 수 있다 그래서 양도세 중과를 피하기 위해 다주택 보유자들이 임대사업자 등록을 많이 했다. 그런데 임대사업용 주택이라고 해서 무조건 양도세 중과를 피하는 것은 아니다.

조정대상지역 다주택 보유자가 8년 장기 임대사업용 주택을 양도하는 경우, 임대개시일 기준 기준시가 수도권 6억 원(비수도권 3억 원) 이하, 전용면적 수도권 85m²(비수도권 100m²) 이하라면 양도세 중과가 되지 않는다.

다만 2018년 9·13대책 발표 이후 1주택 이상인 자가 조정대상지역에 새로 취득한 주택을 임대사업 등록을 하는 경우에는 양도세 중과대상이 된다. 2018년 9·13대책 발표 전 매매계약 체결 및 계약

금을 지불한 경우에는 종전의 규정이 적용되어 중과대상에서 빠질 수는 있다.

여기서 많은 사람들이 헷갈려 하는 것이 임대사업용 주택이 주택 수에서 완전히 빠진다고 생각하는데 그렇지는 않다. 임대사업용 주택을 의무보유기간 다 채우고 팔 때 양도세 중과배제라는 의미이지, 임대사업용 주택을 등록한다고 다른 보유하고 있는 조정대상지역 주택을 팔 때 중과 주택 수가 줄어드는 것은 아니다. 예를 들어 임대사업용 주택이 1채 있고 조정대상지역에 2채를 보유하다가 1채를 파는 경우 3주택 중과대상이 된다.

4) 기타

저당권 실행으로 취득한 주택(경매), 문화재주택, 장기 사원용주택, 미분양주택, 상속주택(5년 경과 안 됨) 등도 중과예외가 된다. 또한 다음의 사유에 해당되면 중과대상에서 제외된다.

- 근무상 사유로 다른 시·군으로 이사해 2주택이 된 경우(취득 당시 기준시가 3억 원 이하+취득 후 1년 이상 거주+사유해소 후 3년 이내 양도)
- 세대합가로 2주택이 된 경우(합가일로부터 10년 이내)
- 혼인으로 2주택이 된 경우(혼인일로부터 5년 이내)
- 소송결과로 취득한 주택(판결확정일로부터 3년 이내)
- 일시적 2주택(다른 주택 취득일로부터 3년 이내, 조정대상지역은 2년 이내)

양도세 절세를 위해서 중과대상이 되지 않는 것이 가장 좋다. 내가 보유한 주택이 양도세 중과대상이 되는지, 중과대상은 아니지만 주택 수에는 포함되는지를 미리 체크해두는 것이 좋겠다. 그리고 세금문제는 한 번 터지면 수습이 어렵기 때문에 반드시 미리 체크해야 한다. 매매가 끝난 다음에 해결하려면 이미 늦다. 그러니 반드시 매매계약 전에 세무사와 상담을 해보길 바란다. 세금은 예방이 최선의 방어다.

3부에서는 현재의 모습보다 앞으로가 더 기대되는 미래가치와 내재가치가 높은 지역을 알아본다. 송파와 거여·마천, 광장동과 자양·구의동, 동대문, 가재울과 수색·증산, 중계동과 창동·상계, 과천 지역의 주요 아파트를 자세히 알아보자.

앞으로가
더 기대되는
서울 아파트

01

지금보다 더 나은
미래가치와 내재가치

눈에 보이는 현재가치보다 향후 더 성장할 수 있는 미래가치와
개발 가능성이 높은 땅을 얼마나 확보하고 있는가, 즉 내재가치가 높은 지역이 중요하다.

눈에 보이는 것만 믿으려는 태도는 사람의 본능이다. 보이는 것
만큼 확실한 것이 없고, 보이지 않는 미래의 모습을 예측하는 것은
어렵다. 게다가 다양한 변수에 따라 예측과 전혀 다른 결과가 나올
수도 있기에 사람들은 눈에 보이는 것만 믿고 결정하는 경향이 높
다. 그래서 입지, 역세권, 도로 등 교통환경, 학군과 학원가의 교육
환경, 아파트 브랜드, 세대 수, 입주연도, 동, 층 등 아파트환경 등
눈에 보이는 현재가치와 부동산 시장 분위기에 따라 형성되는 시
장가치에 따라 아파트 가격이 주로 형성된다.

하지만 영원한 것은 없다. 우리가 느끼지만 못할 뿐 조금씩 변화
하고 있다. 또한 상황에 따라 갑작스럽게 변화하기도 한다. "10년

이면 강산도 변한다"라는 말은 현재도 진행형이다. 10년이면 상권도 교육환경도, 교통환경도, 아파트도 변한다.

현재의 가격에는 이미 눈에 보이는 현재가치와 시장가치가 반영되어 있다. 앞으로 얼마나 더 오를 가능성이 남아 있느냐는 미래가치에 달려 있다. 미래가치에는 지하철 신설이나 연장에 따른 지하철 개통이나 도로 개통 등 교통 개발호재가 있고, 재건축, 재개발, 신도시 개발 등 지역 개발호재가 있다.

지하철은 대표적인 개발호재다. 그만큼 지하철 신설이나 연장 계획은 부동산 시장에 매우 민감한 영향을 준다. 이론적으로는 '지하철 계획 발표-착공-완공'에 따라 호재가 반영되지만 현실적으로는 '소문-발표-착공' 순으로 반영된다. 특히 착공할 때 호재가 가격에 많이 반영된다.

지하철 신설은 오래 걸리고 추진 과정에서 무산되는 경우가 많다. 그래서 실제로 공사가 진행되어야 수요자가 유입되고 가격이 올라간다. 소문 단계에 들어가는 경우에는 잘되면 높은 시세 차익을 얻을 수 있지만 자칫 너무 오래 걸릴 수가 있다. 그러니 가급적이면 계획이 발표되거나 착공되기 전에 투자를 하는 것이 좋다.

이미 개발이 완료된 서울, 대구, 부산 등의 광역도시는 재건축과 재개발 등 도시정비사업 위주로, 이외의 수도권이나 지방은 신도시 등 대규모 택지개발사업으로 진행된다. 용산민족공원 개발과 같은 대규모 개발사업으로 지역 전체가 새롭게 거듭나기도 한다.

서울은 낙후된 구도심을 정비해야 하는 것이 도시계획 차원에서 필수다. 그리고 노후화된 주거시설을 새 아파트로 개발하지 않으면 신규 아파트 공급이 현실적으로 어렵다. 때문에 재건축·재개발 사업이 매우 중요하고 이는 부동산 시장에 민감한 영향을 준다.

이러한 서울의 특수성 때문에 문재인 정부는 공공이 주도하는 정비사업을, 2021년 4월 보궐선거로 당선된 오세훈 서울시장은 민간이 주도하는 정비사업 활성화를 강조하고 있다.

서울 주택공급의 열쇠는 정비사업에 있다고 해도 과언이 아니다. 대규모 재건축·재개발 사업이 완성되고 나면 새로운 도시 하나가 탄생하는 것과 같은 효과가 생긴다. 2000년대 중후반 잠실주공 1~4단지와 잠실시영이 일괄적으로 재건축되면서 엘스, 리센츠, 트리지움, 레이크팰리스, 파크리오 등 2만여 세대 새 아파트 단지가 만들어졌는데, 이를 통해 잠실을 완전한 강남 3구로 만들어버렸다.

반포, 대치, 개포 역시 재건축 사업으로 최고 부촌이라는 명성을 차지했다. 앞서 살펴보았던 마포와 동작구 흑석동, 노량진, 성동구 옥수동과 금호동 등은 재개발 사업을 통해서 신흥 부촌으로 거듭난 지역들이다.

이렇게 재건축·재개발이 되려면 무엇보다 중요한 것이 있다. 바로 땅이다. 개발할 수 있는 땅이 얼마나 되느냐, 즉 현재 용적률에서 얼마나 더 용적률을 올려서 새 아파트를 지을 수 있느냐가 사업의 관건이 된다. 그리고 사업성이 확보되는 곳이 개발사업을 빠르게 진행할 수 있다. 그래서 눈에 보이는 콘크리트가 아닌 땅을 얼마나 확보하고 있느냐의 내재가치가 중요하다.

2000년대까지 최고의 부자 아파트라 불리던 타워팰리스보다 개포나 둔촌 등 저층 아파트들의 가치가 더욱 상승한 이유는 내재가치 때문이다. 내재가치는 대지면적 대비 연면적의 비율인 용적률과 각 매물의 대지지분으로 판단할 수 있다. 예를 들어 대지면적이 1천m^2이고 용적률이 250%라면, 연면적 2,500m^2인 건물을 지을 수 있다.

용적률이 낮다는 것은 아파트 단지의 대지면적 대비 건축물을 많이 짓지 않아서 더 지을 여력이 많다는 의미다. 요즘 정비사업을 통해 신축하는 새 아파트 용적률이 250% 정도인데, 투자하려는 아파트 용적률이 100%와 230%라면 어느 아파트가 재건축이 될 가능성이 높겠는가? 용적률 100%인 아파트를 250%까지 높이면 사업성을 높일 수 있다. 반면에 230%인 아파트는 20%만 더 지을 수 있기에 사업성이 낮다. 그래서 건축연한이 오래 되어도 재건축이 추진되기에는 어려울 것이다.

우리나라의 토지는 '용도지역'이라고 해서 토지별로 용도가 정해져 있다. 그리고 정해진 용도에 따라 도시지역은 주거지역·상업지역·공업지역·녹지지역으로 나뉜다. 건폐율, 용적률 등의 건축제한 규제도 다르게 적용되기 때문에 땅의 용도지역을 고려해서 용적률을 판단하는 것이 좋다.

2종일반주거지역에서는 용적률이 200%가 넘으면 현실적으로 재건축 사업이 어렵다. 하지만 준주거지역이거나 상업지역이라면 주상복합 같은 고밀도 개발이 가능하다. 그렇기 때문에 사업성이 높은 숨은 진주가 될 수도 있다.

　3부에서는 미래가치와 내재가치가 높아서 지금보다 다른 모습으로 재탄생할 지역인 송파와 거여·마천, 용산의 한남, 광장동과 자양·구의동, 가재울과 수색·증산, 저평가 지역인 중계동, 창동·상계동, 과천을 살펴본다.

02

다시 태어나다,
송파

송파에는 미래가치와 내재가치가 높은 아파트들이 많다.
10년 후가 더 기대되는 곳이 바로 송파다.

송파는 이제 명실상부한 강남 3구의 하나로 인정받고 있다. 엘스(잠실주공1단지), 리센츠(잠실주공2단지), 트리지움(잠실주공3단지), 레이크팰리스(잠실주공4단지), 파크리오(잠실시영) 등 잠실 일대 2만여 세대의 대규모 새 아파트 단지들이 입주를 하면서 미니 신도시가 만들어졌다.

기존 골드라인인 2호선에 골드라인인 지하철 9호선 2단계 구간이 2015년 종합운동장역까지 연결되었고, 2018년 3단계 구간인 삼전역, 석촌고분역, 석촌역, 송파나루역, 한성백제역, 올림픽공원역, 둔촌오륜역, 중앙보훈병원역까지 개통되었다. 그러면서 송파 구간의 교통망이 완성되었다.

2017년에는 롯데월드타워가 완공되면서 잠실 일대에 고급 커뮤니티가 완성되었다. 롯데월드타워는 높이 555m로, 국내에서 가장 높은 빌딩이다. 쇼핑, 숙박, 관광, 사무, 거주 등 고급 복합공간으로 개발되었다.

롯데타워 시그니엘레지던스에는 롯데 신동빈 회장을 비롯해 유명 연예인이 거주하고 있다. 2017년 SBS의 한 예능에서 시그니엘 레지던스에 촬영협조를 요청했지만 보기 좋게 거절당했었다. 굳이 방송을 통해 그들만의 공간을 보여줄 필요가 없다는 것이 거절 이유였다.

잠실은 강남, 서초와 비교해도 전혀 손색이 없다. 하지만 잠실 미니 신도시 일대(잠실동·신천동)를 벗어나면 문제는 달라진다. 아직도 강남 3구라 부르기에는 부족해 보이는 업무시설과 노후된 아파트가 있기 때문이다. 그래도 실망할 필요는 없다. 잠실은 지금도 변신 중이고, 향후 10년 후에는 새로운 송파의 모습으로 거듭나 있을 것이기 때문이다.

잠실에는 재건축을 진행하고 있거나 앞둔 아파트들이 제법 많다. 그중 눈에 띄는 아파트가 잠실주공5단지다. 1978년에 입주한 3,930세대의 잠실주공5단지 입지를 보면 설명이 필요 없을 만큼, 강남을 대표하는 재건축 아파트다.

서울의 젖줄인 한강을 끼고 엘스, 리센츠 등과 함께 잠실 신도시를 형성하고 있다. 게다가 롯데월드, 석촌호수, 지하철 2·8호선을 끼고 있다. 교통, 편의시설, 학군 그 무엇 하나 빠지는 것이 없다. 용적률도 138%로 낮다. 그래서 중층 아파트임에도 일찌감치 재건축 대표주자로 인정받고 있다.

잠실주공5단지가 재건축되면 6,607세대라는 초대형 아파트 단지가 탄생할 것이다. 다만 생각보다 사업 속도가 빠르지 않아서 조합원들의 속을 태우고 있다. 워낙 대표적인 재건축 단지이다 보니 부동산 시장에 미치는 영향이 커서 그런 것 같다. 그만큼 서울시에서 최종심의가 이루어지지 않고 있는 상황이다.

유명세는 그만큼 입지가 탁월하다는 반증이기도 하다. 조합과 다수의 조합원들이 재건축을 원하고, 재건축 사업에 다소 부정적인 입장이었던 박원순 전 서울시장과 달리 오세훈 서울시장은 민간 재건축사업 활성화를 시켜주겠다는 입장이다. 그래서 서울의 부동산 시장이 어느 정도 안정되면 건축심의 및 사업시행인가가 진행될 것이라 생각한다.

잠실주공5단지 우측에는 장미1~3차가 있다. 1979~1984년에 입주한 장미아파트는 용적률이 184~201%로 다소 높다. 그래서 재건축의 움직임이 빠르지 않다. 추진위를 구성하는 단계로, 실질적인 재건축 움직임이 미약하다. 하지만 잠실주공5단지가 완성되면 본격적으로 추진될 것이다. 재건축 진행 속도는 느리지만 미래의 잠실을 대표하는 잠실주공5단지가 옆에 있고 입지가 매력적이다. 그만큼 현재가치와 미래가치 모두 있는 아파트다.

출처: 잠실주공5단지 재건축조합

잠실시영을 재건축한 파크리오 아래에는 미성, 크로바, 진주아파트의 재건축이 진행되고 있다. 이 아파트들의 재건축 속도는 잠실주공5단지보다 빠르다. 미성과 크로바는 이주비 대출이라는 변수가 있었지만 2020년에 이주를 마치고 2021년에 착공에 들어갔다. 그래서 2024년 정도에는 1,833세대의 대단지 아파트로 우뚝 설 것이다. 시공사는 롯데건설이다.

1,507세대를 허물고 2,676세대 규모로 지어지는 진주아파트 역시 재건축 속도가 빠르다. 그래서 2024년에는 입주가 가능할 것으로 예상된다. 시공사는 삼성물산과 현대산업개발이다.

송파는 잠실의 재건축 신도시가 만들어지기 전, 잠실 아시아선수촌, 방이동 올림픽선수기자촌, 문정동 올림픽훼밀리타운, 이렇

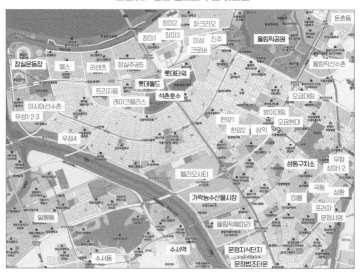

<그림58> 송파 일대의 주요 아파트

게 세 군데의 아파트가 대표적이었다. 이 중에서 아시아선수촌은 우성1~3차와 더불어 탄천만 건너면 삼성동으로 이어질 만큼 입지가 매우 좋다. 재건축 허용연한도 되었고 용적률도 아시아선수촌 138%, 우성1~3차가 152%로 좋은 편이어서 미래가치가 높다. 그만큼 재건축을 기대할 만하다.

우성1~3차는 조합설립을 준비 중이다. 1989년에 입주한 올림픽선수기자촌은 5,539세대의 대단지 아파트다. 입지는 다소 떨어지지만 올림픽공원과 가까워서 쾌적하고, 지하철 9호선에 가까운 역세권인 데다 137%라는 낮은 용적률 때문에 재건축이 기대되는 상황이다. 물론 시간이 10년 이상 걸릴 수 있지만, 미래가치와 내재가

<그림59> 헬리오시티

치가 높다는 것은 분명한 장점이다. 올림픽훼밀리타운은 1988년에 입주한 4,494세대 아파트다. 재건축 기대감이 커지고 있지만 용적률이 194%로 다소 높은 편이어서 아직 넘어야 할 산이 많다.

잠실 아래로 내려오면 가락동과 문정동이 나온다. 가락동은 예전에 가락농수산물시장과 노후화된 가락시영이 있어서 "강남 3구의 이미지를 깎아 먹는다"라는 비아냥 소리를 듣던 곳이었다.

그런데 이제는 다르다. 가락시영을 재건축한 9,510세대의 헬리오시티가 입주했기 때문이다. 약 1만 세대에 가까운 아파트가 들어서면 주변 상권과 지역 이미지는 완전히 달라진다. 그만큼 직업도 다양하고 소위 '잘나가는' 사람들이 거주하는데 이곳이 바로 헬리오시티다. 시세는 잠실을 대표하는 아파트와 맞먹을 만큼 큰 폭으로 상승했다.

2014년경에 필자가 많이 추천한 아파트 중 하나가 바로 가락시영이었다. 비록 오래된 저층 아파트였지만 9호선 연장과 미니 신도시급으로 개발될 미래가 그려졌기 때문이다. 당시 매수자들은 큰 수익을 얻었다. 반면에 계약까지 해놓고 불안하다는 이유로 포기한 사람들은 아쉬움이 많이 남았다.

그 외에도 송파구에는 재건축을 추진하고 있거나 기대가 높은 아파트들이 제법 많다. 송파동 한양1·2차, 가락삼익맨숀, 가락동 삼환가락, 극동, 미륭, 프라자, 문정동 문정시영, 현대1차, 오금동 현대2~4차, 상아1·2차 등 1980년대 후반에 입주한 아파트들이 즐비하다.

시간이 필요하겠지만 노후된 아파트들이 정비되고 위례신도시와 연계가 되면, 송파는 강남 3구가 아닌 진정한 강남으로 인정받을 것이다.

<표60> 송파 일대의 주요 아파트

지역	동	아파트	입주연도	세대 수	비고
송파	잠실	잠실주공5단지	1978년	3,930	용적률 138%
		아시아선수촌	1986년	1,356	용적률 152%
		우성1·2·3차	1981년	1,842	용적률 182%
		우성4차	1983년	555	용적률 194%
	신천	장미1차	1979년	2,100	용적률 184%
		장미2차	1979년	1,302	용적률 190%
		장미3차	1984년	120	용적률 201%
		미성	1980년	1,230	용적률 159%
		크로바	1983년	120	용적률 169%
		진주	1980년	1,507	용적률 172%
	송파	한양1차	1983년	576	용적률157%
		한양2차	1984년	744	용적률 165%
		가락삼익맨숀	1984년	936	용적률 179%
	방이	올림픽선수기자촌	1988년	5,540	용적률 137%
		방이대림	1985년	480	용적률 176%
	가락	헬리오시티	2018년	9,510	재건축(가락시영)
		삼환가락	1985년	648	용적률 178%
		가락극동	1984년	555	용적률 179%
		가락미륭	1986년	435	용적률 180%
		가락프라자	1985년	672	용적률 179%
	문정	올림픽훼밀리타운	1988년	4,494	용적률 194%
		문정시영	1989년	1,316	용적률 215%
		현대1차	1984년	514	용적률 179%
	오금	현대2·3·4차	1984년	1,316	용적률 172%
		상아1차	1984년	226	용적률 194%
		상아2차	1988년	750	용적률 231%
		우창	1985년	264	용적률 180%
		대림	1988년	749	용적률 210%

03

아웃사이더의 반란,
거여·마천

도심 개발로 밀려나면서 사람들이 모여 살던 거여·마천이 달라졌다.
더 이상 아웃사이더가 아닌 진정한 송파로 거듭나고 있다.

행정구역은 송파이지만 인정을 받지 못한 곳이 거여동과 마천동
이다. 낙후된 인프라와 서울에서 외진 입지 때문에 서울 아닌 서울,
송파 아닌 송파였던 곳이다. 이 일대는 1970년대에 서울의 도심 개
발로 쫓겨난 사람들이 몰려들어 판잣집을 짓고 살면서 형성되었
다. 출발이 그렇다 보니 좋은 인프라와 고급 커뮤니티를 갖추기는
어려웠을 것이다.

그런데 송파의 대표적인 낙후 주거지였던 거여동과 마천동 일대
에 새 바람이 불기 시작했다. 바로 2000년대에 시작된 뉴타운 개발
사업 때문이다. 강남은 재건축, 강북은 재개발 사업 위주로 노후화
된 주거지역을 정비하고 있다. 하지만 강남이라고 해서 재개발 사

194

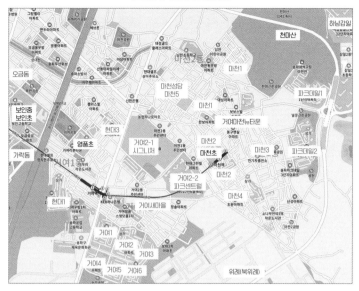

업이 없는 것은 아니다. 바로 거여·마천이 있기 때문이다.

강남권 유일의 뉴타운인 거여마천뉴타운은 2005년 3차뉴타운으로 지정되면서 한남뉴타운 다음으로 큰 인기를 끌었다. 하지만 2008년 글로벌 금융위기 이후 부동산 시장이 조정되면서 이를 반대하는 조합원들이 늘었다. 결국 지정취소 소송과 해제요청이라는 암초를 만났다.

마천1~3구역은 사업이 취소되기도 했지만 2014년부터 부동산 시장이 회복되면서 서울의 재개발 시장이 되살아났고, 그 사이 거여마천뉴타운과 인근 빈 땅이 위례신도시로 개발되면서 꺼져가던 불씨가 되살아났다.

거여마천뉴타운은 매력이 많은 곳이다. 판교신도시와 함께 '최고의 신도시'라 평가받는 위례신도시가 인접해 있고, 지하철 5호선 거여역, 마천역이 있으며 외곽순환도로로 진입하기도 편리하다. 또한 천마산과 천마산근린공원이 있다. 무엇보다 역사와 자연을 품은 남한산성이 인접해서 쾌적하다.

남한산성 일대를 드라이브하다 보면 '아, 서울 근교에 이렇게 멋진 곳이 있었나' 하는 생각이 들 정도로 경치가 좋다. 물론 편의시설이 부족하다는 의견도 있다. 그러나 조금만 움직이면 오금역과 방이역 부근 상권과 문정동 동남권 유통단지가 있고, 차를 조금만 타고 나가면 롯데월드타워, 석촌호수 등에 이를 수 있어서 잠실의 풍부한 생활환경까지 누릴 수 있다.

거여마천뉴타운의 단점으로 교육환경을 꼽는 사람들이 제법 많다. 마천초, 남천초, 영풍초등학교가 있지만 중학교와 고등학교 수가 적어서 다소 불편한 것은 사실이다. 거여고등학교가 개교할 예정이지만 강남 3구 송파라 하기에는 상대적으로 아쉬운 학군이다. 그리고 각 구역별로 신설 학교가 없다는 점 역시 단점이다. 마천 1구역 뒤편에 중학교와 고등학교 신설 부지를 남겨둔다는 소문도 있지만 아직까지 구체적인 계획은 없다. 하지만 마포에서도 경험했듯이 새 아파트들이 생기고 중산층 유입이 늘어나면 교육환경은 개선될 것이다.

출처: 롯데캐슬

　북위례와 하남 감일지구의 입주물량이 부담스럽다는 사람들도 있지만 오히려 반대다. 입주물량이 나오는 시점은 일시적으로 영향이 있겠지만 거여·마천처럼 인프라가 아쉬운 곳은 규모의 경제가 필요하다. 그리고 주변 입주물량 증가는 실보다 득이 더 많다.

　거여마천뉴타운에서는 거여2-1구역, 2-2구역이 사업 진행 속도가 가장 빠르다. 송파구 거여동 181번지 일대 거여2-1구역은 5호선 거여역 역세권이다. 거여마천뉴타운 중에서 입지가 가장 좋다는 평가를 받고 있다.

　2008년 8월 구역지정이 되어서 2015년 관리처분인가를 받았지만 2018년 다시 관리처분계획 변경인가 절차를 거쳐서 송파시그니처롯데캐슬로 2019년 일반분양을 성공리에 마치고, 2022년 입주를 향해 공사를 진행 중이다. 지상 33층, 7개 동으로 총 1,945세대 대단지 아파트다. 소형 평형의 선호도가 높아지면서 전체 물량의 약 98%가 전용 85m² 이하인 중소형으로 구성되어 있다. 전용면적 84m²의 조합원 분양가가 5억 7,500만 원이었으니 큰 시세 차익을 올린 효자 재개발 구역이다.

송파구 거여동 234번지 일대 거여2-2구역은 5호선 마천역 역세권으로 입지가 좋다. 2008년 8월 구역지정이 되었고, 2015년 6월 관리처분계획 변경인가고시가 되어 2016년 12월 착공에 들어갔다. e편한세상송파파크센트럴 브랜드로 2017년 12월 일반분양을 성공적으로 마쳤다. 지금의 분위기라면 경쟁률이 수백 대 일이 나왔겠지만, 당시 일반분양 평균 경쟁률은 12.6 대 1이었다. 그럼에도 이 경쟁률은 큰 성공을 의미한다. 지상 33층, 12개 동, 1,199세대 대단지 아파트로 2020년에 입주했다.

한때 사업이 취소되기도 했던 마천1~3구역은 다시 추진되고 있다. 거여·마천에서 가장 면적이 넓은 마천1구역은 2014년 구역해제가 되었다가 2018년 정비구역 재지정을 위한 동의서 75% 이상을 받고 2020년 1월 구역지정이 되었다. 그러면서 조합추진위원회가 설립되어 조합설립인가를 준비하고 있다. 마천1구역의 조합원 수와 조합원 대비 일반분양 물량과 기부채납비율을 효과적으로 조정해 용적률을 더 높일 수 있다면, 수익성이 괜찮을 것이라 평가받고 있다.

마천2구역은 재지정 동의서를 확보하면서 빠르게 움직이고 있

<표63> 거여마천뉴타운 진행 상황

구역	조합원 수	건립 세대 수	진행 상황
거여2-1구역	1,448	1,945	2022년 1월 입주 예정
거여2-2구역	670	1,199	2020년 6월 입주
거여3구역			존치관리구역
거여새마을구역	691	1,329	공공재개발 추진
마천1구역	1,627	3,165	조합설립인가 준비 중
마천2구역			존치관리구역, 재지정 신청 중
마천3구역	1,303	2,367	조합설립 후 건축심의 준비 중
마천4구역	646	1,389	사업시행인가준비 중
마천5구역			존치관리구역, 재지정 신청 중

다. 마천역 역세권이라는 점에서는 좋으나 2014년 구역해제가 되어 현재는 존치관리지역으로 지정되었다. 사업 재추진을 위한 예비추진위를 만들어서 재지정을 위한 주민동의를 받는 등 재추진 움직임이 있다는 소식이 들려온다. 하지만 아직은 주민들의 이해관계가 달라서 시간이 꽤 걸릴 것이다.

송파구 마천동 283번지 일대 마천3구역은 1구역 다음으로 면적이 크다. 그래서 대단지 아파트로 개발되면 큰 인기를 끌 것이다. 2014년 구역지정 해제가 되었다가 2017년 다시 구역지정이 되었다. 2020년 조합설립인가가 되면서 다시 사업이 추진되고 있다. 재개발 사업을 반대하는 조합원들이 소송을 제기한 적도 있었지만, 2심에서 조합이 승소하면서 사업에 속도를 내고 있다. 상가도 거의 없고 사업성이 괜찮아서 사업 속도를 낼 수 있다. 촉진계획 변경으로 용적률 270%, 지상 32층, 총 2,367세대로 건립될 계획이다.

서울시 송파구 마천동 323번지 일대 마천4구역은 그나마 사업 진행 속도가 빠른 편이다. 조합설립인가를 마치고 사업시행인가를 준비 중으로, 2018년 조건부 건축심의가 통과되었다. 2019년 사업시행계획인가를 접수하면서 임대주택 의무비율 최고 30% 적용을 피했다.

용도지역이 2종일반주거지역에서 3종일반주거지역으로 종상향되면서 용적률을 254%에서 300%로 올릴 수 있게 되었다. 총 분양물량 1,389세대 중 조합원 수 578명으로 일반분양 비율이 45% 정도다. 그만큼 사업성이 좋다는 평가를 받고 있다. 남쪽에는 위례신도시가 있어서 기반 시설을 이용할 수 있고, 5호선 마천역 접근성도 좋다. 무엇보다 거여2-1구역과 거여2-2구역을 제외하고 남은 마천1~4구역 중에서 사업 진행 속도도 가장 빨라서 인기가 높다. 그만큼 프리미엄 역시 높게 형성되어 있다.

마천5구역은 2014년에 반대가 30% 이상이어서 구역지정을 받지 못하고 존치관리구역이 되었다. 최근 다시 주민동의를 받아서 구역 재지정을 신청했지만 넘어야 할 산이 많다. 구역지정이 되더라도 마천성당이라는 종교시설의 존치(보존가치) 및 이전 문제로 사업성이 떨어질 수 있기 때문이다.

거여새마을구역은 2014년에 박원순 전 서울시장이 실태조사를 실시했는데, 35%의 주민 반대로 존치관리지역이 되면서 사실상 중단되었다. 하지만 2021년 공공재개발 2차 후보지에 포함되면서 다시 기대가 높아지고 있다.

마천3구역 우측에는 2011년에 입주한 송파파크데일1단지와 2단지가 있다. 역세권도 아니고 인프라도 부족해서 주거환경이 우수하다고 볼 수는 없다. 다만 하남 감일지구가 인접해서 향후 주거환경의 개선이 가능하며 마천3구역이 속도를 내면 미래가치가 더 높아질 수 있다.

5호선 거여역 6번 출구 남쪽에는 거여1~6단지가 있다. 거여3단지와 6단지는 영구 임대 아파트다. 1997년에 지어진 거여단지는 학군이 좋은 고급 주거단지라 할 수는 없지만, 가성비가 좋은 실거주용 아파트라 할 수 있다.

위로는 거여2-1구역(송파시그니처롯데캐슬)과 거여2-2구역(e편한세상송파파크센트럴)이 있고, 아래로는 위례신도시(북위례)가 인접해서 외톨이 아파트 단지가 아니다. 다만 용적률이 250%대여서 향후 시간이 지나더라도 재건축 가능성을 기대하기는 어렵고 리모델링이 대안이 될 것 같다.

<표64> 송파 거여·마천의 주요 아파트

지역	동	아파트	입주연도	세대 수	비고
송파	마천	마천1구역		3,165	재개발 추진
		마천2구역			
		마천3구역		2,367	재개발 진행
		마천4구역		1,389	재개발 진행
		송파파크데일1	2011년	812	
		송파파크데일2	2011년	889	
	거여	송파시그니처롯데캐슬	2022년	1,945	거여2-1 재개발
		e편한세상송파파크센트럴	2020년	1,199	거여2-2 재개발
		거여1단지	1997년	1,004	용적률 275%
		거여2단지	1997년	478	용적률 240%
		거여4단지	1997년	546	용적률 240%
		거여5단지	1997년	605	용적률 344%
		거여현대1	1992년	497	용적률 238%
		거여현대3	1993년	303	용적률 251%

04

조용하면서 강하다, 광장동

강남, 용산, 성수와는 또 다른 멋이 느껴지는 지역이 바로 광장동이다.
한강변이라는 좋은 입지와 교육환경까지, 광장동은 조용하지만 강한 지역이다.

성수를 지나 동쪽으로 더 가면 광진구의 핵심인 광장동이 나온다. 광장동은 조선시대 광진(광나루)의 광(廣) 자와 장의동의 장(壯) 자를 딴 지역으로, 역사와 전통이 있는 곳이다. 강남, 용산, 성수처럼 부동산 시장이 과열되거나 폭락을 한다는 뉴스 속에서도 이곳은 찾아보기 어려울 정도로 조용하면서도 강한 지역이다.

지하철 2호선과 5호선 이용이 가능하고 강북에서는 보기 드문 평지 지형이다. 학군도 좋은 편이다. 광남중은 학업성취도평가에서 우수한 성과를 내고, 광장동 출신인 대원외고 학생들이 많다.

광장동은 중산층 이상의 안정적인 수요가 뒷받침하면서 부동산 시장 침체기에도 잘 버텼다. 그리고 상승기에 시세를 따라 올라가

주는 시장가치와 현재가치가 강한 아파트들이 많다. 한강변을 따라 광장현대3·5·8단지, 광장동청구, 현대홈타운11차, 광장힐스테이트, 현대파크빌10차 등이 광장동에서 선호도가 높은 곳이다.

강남, 용산, 마포, 성수, 목동 등 인기 지역의 아파트처럼 사람들 입에 오르내리지는 않지만 은근히 상승세를 탔다. 2017년 초, 현대3단지의 전용면적 84㎡ 가격이 6억 원 정도였는데, 2021년 6월 기준으로 17억 원을 넘어섰다.

한편 광장동 아파트를 보면 '현대'라는 이름이 들어간 아파트가 유독 많다. 예전 서울고등학교 자리(지금 경희궁과 서울 역사박물관 자리)를 현대그룹이 소유했는데, 서울시와 맞교환을 하면서 광장동 땅을 받았고 거기에 아파트를 지어서 그렇다. 그래서 광장동에는 현대건설이 지은 아파트가 많다.

지금이야 광장동이 한강변 아파트 숲이 되었지만 과거에는 대한제지공장(현 극동아파트), 굴곡진 강변을 정비하면서 만들어진 매립지(현 현대3·5단지 등), 모토로라, 화이자 등 공장 부지(현 청구, 힐스테이트, 현대11차, 현대파크빌10차 등) 등이 있어서 거주지로서는 살기 어려운 동네였다.

마포와 옥수·금호동의 경우 노후화된 주거단지를 재건축하거나 재개발해서 신흥 부촌이 되었지만, 광장동은 한강변이라는 좋은 입지를 가졌음에도 새 아파트로 재탄생하기에는 현실적으로 제약이 있었다. 대부분의 광장동 아파트 용적률이 250% 이상(현대3단지

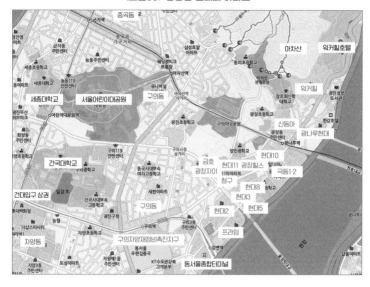

249%, 현대5단지 259%)이고, 300%가 넘는 아파트(현대8단지 366%, 현대9단지 354%, 청구 398%, 광나루현대 303%)도 제법 많다. 그래서 향후 재건축 허용연한이 되더라도 재건축을 추진하기는 쉽지 않을 것이다. 이것이 광장동의 단점이기도 하다.

그럼에도 입지의 특성을 감안하면 한강르네상스와 같이 한강변 특별구역으로 지정될 수도 있고, 재건축이 안 되더라도 리모델링을 추진할 수 있기 때문에 미래가치가 없다고 단정지을 필요는 없다. 특히 2021년 오세훈 서울시장이 당선되면서 한강르네상스 시즌2에 대한 기대감이 커지고 있다.

광장동 아파트 중에서 특히 눈길을 끄는 곳이 있는데 바로 광장동 극동아파트다. 대한제지 공장이 이전되면서 개발된 광장동 218-1번지 일대 극동아파트는 3종일반주거지역으로 용적률이 204%다. 낮은 수준은 아니지만 광장동의 다른 아파트에 비해서는 용적률이 높지 않아서 재건축을 추진해볼 만하다.

극동1·2차는 5호선 광나루역 초역세권에 2호선 강변역 접근성이 좋고 천호대교, 올림픽대교, 광진교, 잠실대교 등 강남으로 진입하기에 용이하다. 교육환경도 좋고 무엇보다 한강변 입지를 자랑하는 1,344세대 대단지 아파트여서 향후 재건축이 되거나 리모델링이 되면 멋진 랜드마크로 거듭날 가능성이 높다.

극동1차와 2차는 입주연도에서 차이가 난다. 이견이 있지만 극동1차가 2차보다 먼저 재건축 사업이 진행되려면 극동2차 주민의 동의를 얻어야 한다. 극동1차와 2차는 대지지번을 공유하고 있다. 그러므로 1·2차 통합으로 재건축이 진행될 가능성이 높다. 서울시의 정비사업 규제 지원이 있다면 안전진단신청 등 재건축 사업이 추진될 것으로 예상된다. 아직 재건축 사업을 추진조차 안 했기 때문에 매우 긴 시간이 필요할 테지만, 기대감이 높은 아파트는 분명하다.

동서울종합터미널 현대화 사업과 구의자양재정비촉진지구 개발사업까지 완료되면 자양·구의동과 함께 고급스러운 라인이 형성되어 광장동의 미래가치도 밝아질 것으로 기대된다.

광장동 동쪽 끝에는 워커힐아파트가 있다. 타워형 스타일의 동

<그림66> 광장동 워커힐아파트

출처: 워커힐 재건축추진위원회

이 있을 정도로 1978년 당시 대형 고급 주거단지로 개발되었다. 1978년에 입주한 576세대의 185~254m² 대형 고급 주거단지로서 앞에는 한강, 뒤에는 아차산, 옆에는 워커힐호텔이 자리하고 있다.

워커힐아파트는 배산임수의 입지로, 압구정과 함께 명당자리 아파트로 손꼽힌다. 상대적으로 교통이 불편하고 확장성이 부족하지만 조용하고 쾌적한 주거환경, 산과 강의 조화, 고급스러운 분위기가 불편한 교통을 압도한다.

오래되기도 했고 용적률도 낮아서 '재건축이냐 리모델링이냐'를 두고 10년 넘게 논란이 있었다. 그런데 재건축을 통한 명품 아파트로의 시동을 걸고 있다. 워커힐아파트는 최고 13층, 14개 동, 566세대로 이루어져 있다. 1단지(432세대)와 2단지(144세대)로 나누어져 있는데 주민 의사에 따라 1단지는 재건축이, 2단지는 리모델링이 추진되고 있다. 1단지는 2017년 안전진단 D등급(조건부승인)을 받았고 2020년 정비구역지정이 되면서 첫걸음을 뗐다. 2단지는 2종 일반주거지역인 1단지와 달리, 자연녹지지역으로 묶여 있어서 리모델링으로 눈을 돌렸다.

어찌되었든 시동을 걸었고 또 사업을 추진하다가 1단지와 2단지가 다시 합쳐서 진행되는 일도 생길 수 있다. 그러니 긴 호흡을 가지고 지켜보면 좋을 것 같다. 오랜 시간이 걸리더라도 가장 살고 싶은 아파트 하나를 손꼽으라면 필자는 압구정, 과천과 함께 광장동 워커힐아파트를 1순위로 올리고 싶다.

<표67> 광장동 일대의 주요 아파트

지역	동	아파트	입주연도	세대 수	비고
광진	광장	현대3단지	1990년	1,056	용적률 249%
		현대5단지	1989년	581	용적률 259%
		현대8단지	1995년	537	용적률 366%
		현대9단지	1999년	437	용적률 354%
		광장자이	2008년	122	용적률 247%
		광장힐스테이트	2012년	453	용적률 228%
		광장현대파크빌10차	2000년	1,170	용적률 314%
		광장현대홈타운11차	2003년	159	용적률 100%
		청구	1996년	654	용적률 398%
		광장금호베스트빌	2001년	242	용적률 276%
		극동1차	1985년	448	용적률 204%
		극동2차	1989년	896	
		광나루현대	1996년	380	용적률 303%
		워커힐	1978년	576	용적률 108%

05

숨은 진주,
자양·구의동

2호선 지상 구간 고가와 동서울터미널 노후로 낙후된 광진구 자양·구의동이 변하고 있다.
한강변 입지에 개발호재까지 더해진 자양과 구의의 미래 모습이 기대된다.

성수에서 동쪽으로 향하면 광진구 자양동과 구의동이 이어진다.
필자는 '광진구' 하면 어린이대공원이 가장 먼저 떠오른다. 초등학
생 시절에 친척 형들과 함께 광진구에 신접살림을 차린 삼촌 집에
놀러 간 적이 있었다. 예쁜 서울 숙모가 만들어준 탕수육을 맛있게
먹고 어린이대공원에서 청룡열차도 타며 신나게 놀았던 기억이 아
직도 생생하다. 당시는 그곳이 광진구인지도 몰랐다.

광진구에는 지하철 2호선과 7호선이 지나는 더블역세권 건대입
구역이 있다. 그리고 건대 상권이 있다. 건대 상권은 강남역, 명동,
광화문, 홍대 상권과 더불어 '서울 5대 상권'이라 불릴 정도로 유명
하다. 한강변에 골드라인인 2호선과 7호선이 지나가고 5호선까지

이어져 있다. 영동대교와 청담대교를 넘으면 청담동과 삼성동, 잠실이 나온다. 이 정도면 신흥 부촌이 될 만한 입지다. 그럼에도 성수나 옥수, 금호동에 비해서 상대적으로 열기가 덜한 이유는 무엇일까?

지하철 2호선 한양대역부터 강변역까지 8km 구간이 지하가 아닌 지상 구간으로 개발되면서 고가철도가 도시 미관 측면에서 좋지 않아서다. 게다가 교통체증과 매연 공해가 심하고, 도시의 맥을 끊어서 풍수지리적으로도 좋지 않기 때문이다.

필자는 서울 내의 지하철 지상 구간을 지하화하면서 생기는 지상의 유휴지를 공원, 문화시설, 청년이나 신혼부부용 공공 아파트로 개발해야 한다고 생각한다. 서울의 주택 수요를 분산시키고자 경기도와 인천에 3기신도시가 개발될 예정이지만, 미래 세대를 위해 보존해야 할 녹지공간을 당장의 주거문제를 해결하고자 훼손하는 것은 아닌지 한 번 생각해봐야 한다.

향후에 지하철 지상 구간이 지하화되면 용산, 노량진, 당산, 구의, 자양, 성수 등 1호선과 2호선, 경의중앙선 구간 지역들은 수혜를 받을 것이다.

구의, 자양동의 이미지를 훼손시키는 요소에는 강변역의 동서울종합터미널도 한몫을 한다. 최근에 동서울종합터미널을 방문한 적이 있었는데, '아직도 서울에 이런 터미널이 남아 있다니'라는 생각이 들 정도였다.

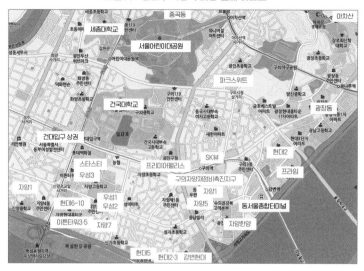

<그림68> 광진구 자양·구의동 일대 아파트

광진구는 강남과 강북 도심권(광화문, 명동)과 멀지도, 그렇다고 가깝지도 않은 어중간한 거리(어린이대공원 일대)에 고도제한이 있다. 그리고 건국대, 세종대 등 대학교도 있어서 개발에 뒤떨어졌다. 광진구로 임장(臨場)을 나갈 때마다 지상철 고가와 동서울종합터미널 때문에 눈살을 찌푸리게 된다. 그만큼 정부와 서울시는 숨은 진주인 광진구 정비에 조금 더 힘을 써야 한다.

이 광진구를 업그레이드시킨 계기가 있다. 바로 건국대학교 야구장 부지를 개발한 더샵스타시티다. 롯데백화점 등 쇼핑단지와 결합된 더샵스타시티는 성수 갤러리아포레가 건축되기 전까지 광진구의 랜드마크 역할을 했다.

더샵스타시티 아래로는 우성1~7차, 자양현대6~10차들이 모여 있다. 한강변을 따라 이튼타워3·5차, 자양현대2·3·5차, 강변현대가 자리하고 있다. 한강 조망이라는 장점이 있지만, 적은 세대 수와 높은 용적률을 감안하면 당장 개발될 가능성은 낮다.

그나마 우성1~3차가 입주연도와 용적률을 감안했을 때 개발 기대감을 가져볼 만하다. 다만 서울시의 대대적인 지원이 없으면 재건축 수익성이 잘 나오지는 않을 것이고, 추진하게 된다면 일대일 재건축 또는 리모델링이 적합하다.

1983년에 입주한 444세대의 자양한양은 2011년 조건부 안전진단을 받았다. 최고 35층, 916세대로 재건축 사업이 추진되고 있다. 그런데 2종에서 3종으로의 종상향계획이 도시계획위원회 보류 판정을 받으면서 주춤하고 있다.

주변 아파트들이 3종 또는 준주거지역으로 비교적 높은 용적률을 적용받고 있는 데 비해, 유독 한양아파트만 2종주거지역이기 때문이다. 명분은 형평성 차원에서, 속내는 추가분담금을 낮추기 위한 사업성 차원에서 종상향을 요구하고 있으나 받아들여지지 않고 있다.

한강변 조망과 2호선 구의역과 강변역 이용이 가능하고 서울숲, 동서울종합터미널, 테크노마트 등 편의시설 이용도 가능해서 재건축만 된다면 좋은 아파트로 거듭날 것이다. 하지만 종상향이 되지 않으면 추가분담금 부담 때문에 현실적으로 재건축 사업이 어려울 수 있다. 그래도 절망하기에는 아직 이르다. 2021년에 오세훈 서울시장이 당선되면서 자양, 구의동 일대에도 규제 완화 기대감이 커지고 있기 때문이다.

광진구를 본격적으로 업그레이드할 만한 3대 대형 개발호재가 있다. 바로 동서울종합터미널 현대화 사업, 중곡동 의료행정타운 개발, 구의자양재정비촉진지구 개발 사업이다.

동서울종합터미널 현대화 사업은 현 동서울종합터미널 부지 3만 6,704m²를 터미널, 업무, 숙박, 판매, 문화 등 40층 2개 동 복합시설로 개발하는 대형개발 사업이다. 2019년 한진중공업이 신세계 동서울FPV와 매각계약을 체결해 고속버스 승차 및 주차장이 지하로 내려갈 계획이다. 계획처럼만 된다면 참 좋겠지만 기존에 터미널에서 장사를 하던 상인회와 우선 입점권 갈등을 겪고 있다.

1심과 2심에서는 한진중공업의 손을 들어주었다. 상인회가 상고를 하더라도 결과가 크게 달라지지 않을 것이다. 결국 적당한 보상금을 받고 상인 퇴거 - 서울시 인가 - 개발 순으로 진행될 듯하다. 그리고 사업에서 KT&G가 발을 빼면서 신세계그룹이 조 단위의 사업자금을 떠안게 되었는데, 입지와 미래가치를 감안하면 실보다는 득이 많을 것이기에 사업 진행이 긍정적으로 진행될 듯하다.

동서울종합터미널이 복합시설로 개발되면 강변역 주변인 구의, 자양, 광장동에 호재가 될 것이다. 특히 현대프라임, 구의현대2단지, 현대6단지, 자양한양 등 동서울종합터미널 인근 아파트 단지에

<그림69> 광진구 3대 개발호재

긍정적인 영향이 기대된다.

중곡동 의료행정타운 개발은 중곡동 30-1번지 일대와 국립서울

병원 부지 39만 2,337m²에 종합의료복합단지를 조성하는 사업이

다. 1단계 국립정신건강센터는 2016년에 준공되었고, 2단계 의료

행정타운은 최고 20층으로 2021년에 준공되었다. 의료행정타운은

군자역 북쪽 중곡역에 있어서 자양, 구의, 광장동 입장에서는 다소

약한 호재라 할 수 있다. 그럼에도 개발은 어떤 식으로든 긍정적인

효과를 미친다.

구의자양재정비촉진지구 개발 사업은 동서울종합터미널 현대화

사업과 더불어 확실한 도시 업그레이드 사업이다. 2호선 강변역과

구의역을 중심으로 하는 구의자양재정비촉진지구는 38만 5,340m² 규모의 상업과 업무지구 중심의 복합개발 도시환경정비사업이다. 구의자양재정비촉진지구 중 가장 주목받는 곳은 어디일까? 단연 자양1구역과 5구역이다.

자양1구역은 자양동 680-63번지 일대 7만 8,147m²(서울동부지검 법원 1만 7,763m²+KT광진지사 6만 384m²) 부지에 현 광진구청사 이전 예정, 호텔, 주상복합, 아파트, 오피스텔 등 최고 35층, 1,363가구의 복합단지로 개발되고 있다.

자양5구역은 자양1존치정비구역에서 2018년 자양5재정비촉진 구역 신규지정이 되었다. 자양동 680-81번지 일대는 도심부적격시설인 군부대 수방사 중대와 2013년 나주로 이전한 우정사업정보센터, 그리고 노후주택지 등으로 구성되어 있다. 30층 규모의 863세대 복합단지로 개발된다.

자양동 778-6번지 일대인 자양4구역은 이미 래미안프리미어팰리스로 개발이 완료되어 2017년에 입주를 했다. 구의3구역 역시 강변SK뷰로 개발이 되었다. 자양3구역은 여성종합복지센터가 건립될 예정이며 구의1·2구역 맞은편 자양2구역은 진행 속도가 늦어서 지켜봐야 한다.

자양동과 구의동 일대는 당초 한강르네상스 유도정비구역으로 지정되어 평균 30층, 최고 50층 높이의 초고층 아파트로 개발될 예정이었다. 그런데 박원순 전 서울시장 이후 지지부진한 상황이다.

대부분 해제가 되었고, 그나마 자양동 236번지 일대 자양1주택재건축사업이 최고 37층, 878세대 주상복합으로 2023년에 입주 예정이다.

자양동 464-40번지 일대 자양7주택재건축사업은 2018년에 구역지정이 되어 917세대 아파트로 개발될 예정이다. 그러나 아직은 초기 단계여서 시간이 오래 걸릴 것이다.

현재는 낙후된 이미지의 구의·자양동이지만 동서울종합터미널이 복합시설로 개발되고, 구의자양재정비촉진지구로 새 아파트 단지가 된다면 구의·자양동은 업그레이드될 것이다.

<표70> 광진 자양·구의 일대 주요 아파트

지역	동	아파트	입주연도	세대 수	비고
광진	자양	더샵스타시티	2007년	1,177	건국대 야구장 개발
		우성1차	1988년	656	용적률 228%
		우성2차	1989년	405	용적률 232%
		우성3차	1989년	464	용적률 207%
		이튼타워리버3차	2007년	260	
		이튼타워리버5차	2009년	279	
		자양현대7차	2001년	252	용적률 289%
		자양현대10차	2002년	245	용적률 288%
		자양현대5차	1998년	270	용적률 384%
		자양현대2차	1995년	235	용적률 280%
		자양현대3차	1996년	439	용적률 357%
		자양한양	1983년	444	
	화양	래미안프리미어팰리스	2017년	264	재개발(자양4)
	구의	현대프라임	1997년	1,592	용적률 398%
		구의현대2단지	1996년	1,606	용적률 307%
		래미안파크스위트	2018년	854	재개발(구의1)
		강변SK뷰	2017년	197	재개발(구의3)

06

4대문
동대문의 변신

4대문 도심이지만 낙후된 주거지역의 대명사였던 동대문이 변하고 있다.
대규모 재개발 사업을 통해 천지개벽할 동대문을 기대해보자.

서울 4대문 중 하나인 흥인지문(興仁之門)을 흔히 동대문이라 부른다. 동대문 일대는 오래된 역사를 지녔으나 전통을 살리지 못하고 낙후된 주거 환경의 대명사가 되었다. 지하철 1·2·4·6호선이 거미줄처럼 연결되어 있지만, 교육환경과 주거 기반시설이 열악해서 주거지로서는 기능이 떨어지는 곳이기도 하다.

그런데 동대문이 달라지고 있다. 마포와 옥수·금호, 흑석동처럼 대규모 재개발 사업을 통해 새롭게 태어나고 있다. 동대문 이문휘경뉴타운은 청량리뉴타운과 전농답십리뉴타운과 함께 동대문구의 대표적인 재개발 사업이다. 1호선 외대역을 중심으로 회기역과 신이문역 사이에 위치한 이문휘경뉴타운은 노후주택이 밀집되어 있다. 그리고 도로, 공원 등 기반시설이 열악한 동대문구 이문동과 휘경동 일대 101만 3,398m²(대략 30만 평) 부지에 1만 1,343세대 규모의 아파트가 개발되고 있다.

상가 조합원들의 반대도 있었지만 노후된 주택과 상가건물의 슬럼화가 지속되면서 재개발에 속도를 내고 있다. 중랑천수변공원, 천장산, 배봉산 근린공원이 인접해 있고, 청량리역 롯데백화점, 롯데마트, 상봉역 코스트코 등이 있어서 생활 인프라도 부족하지 않다. 한국외대, 경희대, 서울시립대, 한국예술종합학교, 삼육보건대 등이 근접해서 교육 및 임대수요도 뒷받침해주고 있다.

이문휘경뉴타운은 2005년 3차뉴타운으로 지정되었다. 이문동 4개 구역과 휘경동 3개 구역, 총 7개 구역에서 사업이 추진되었다. 그런데 다른 재개발 지역도 그렇듯이 구역 간 이해관계와 주민들 간의 대립, 부동산 시장 침체로 사업이 지연되었다.

이문2구역은 장기적인 표류 끝에 주민들의 반대를 극복하지 못하고 2014년 구역지정이 해제되었다. 현재는 이문1·3·4구역과 휘경1·2·3구역, 이렇게 6개 구역에서 총 1만 2천 세대 규모로 재개발 사업이 진행 중이다.

2017~2021년 활성화된 부동산 시장에 힘입어 속도를 빠르게 내면서 8부 능선을 넘고 있다. 향후 이문휘경뉴타운 사업이 완료되면 그동안 서울의 낙후 지역이던 동대문 청량리 일대가 업그레이드될 것으로 기대된다.

<표71> 이문휘경뉴타운 진행 상황

구역	세대 수	진행 상황
이문1구역	2,904	철거(삼성물산)
이문2구역		정비구역해제(2014년)
이문3구역	4,285	착공(현대산업개발. GS건설)
이문4구역	3572	사업시행인가 준비 중
휘경1구역	298	입주완료(2020년 2월, 한진중공업)
휘경2구역	900	입주완료(2019년 6월, SK건설)
휘경3구역	1,792	공사 중(GS건설)

* 2021년 4월 기준

동대문구 이문동 257-42번지 일대 이문1구역은 지하철 1호선 외대역 역세권에 한국외대와 맞닿아 있어서 상권이 잘 형성되어 있다. 서쪽으로 천장산, 북쪽으로 세계문화유산인 조선 20대 왕 경종의 능인 의릉(사적 제204호)이 있다. 의릉 주변은 숲세권이라는 점에서는 좋으나 문화재가 있어서 8층으로 아파트가 지어지고 그 외 지역은 27층으로 2,904세대의 래미안아파트가 2024년에 입주할 예정이다. 이문2구역은 추진위원회 승인이 취소되면서 50% 이상의 조합원 동의를 받아 아쉽게도 2014년 정비구역이 해제되었다.

동대문구 이문동 149-8번지 일대 이문3구역은 이문휘경뉴타운 중에서 규모가 가장 크고 1호선 외대역과 신이문역 역세권으로 입지도 좋다. 단독주택의 비율이 높고 건립 세대 수와 대비해서 조합원 수가 적어서 사업성이 좋다는 평가를 받고 있다.

고층 개발을 하는 3-1구역과 저층 개발을 하는 3-2구역이 결합개발의 방식으로 진행 중이다. 시공사는 현대산업개발과 GS건설이 맡았다. 최고 41층, 26개 동, 4,285세대로 개발될 이문3구역은 2018년 5월 관리처분을 받았고 이주 및 철거를 진행해 2021년에 착공했다.

동대문구 이문동 86-1번지 일대 이문4구역은 인기가 높은 3구역과 마주 보고 있다. 1호선 외대역과 신이문역 역세권이라는 좋은 입지를 자랑한다. 사업성도 좋고 타 구역에서 찾아보기 어려운 평지인 데다 구역 내에 초등학교 및 병설유치원 건립이 예정되어 있어서 더욱 좋다. 이문4구역은 최고 30층, 2,442세대인 아파트가 건립될 예정이었지만 2018년 촉진계획변경에 따라 종상향되면서 용적률 317%를 적용받아 3,720세대로 늘어났다. 조합설립인가 후 사업시행계획인가를 준비하고 있으며 이문1·3구역보다 사업 진행 속도가 늦은 점은 아쉽지만, 그래도 종상향이 되면서 늘어난 세대 수만큼 사업성이 좋아진 점은 긍정적이다.

2017년까지만 해도 1억 원 정도의 투자금액으로 부담 없이 투자를 할 수 있었던 곳이 이문 재개발이었다. 그러다가 아파트 시장의 열기가 뜨거워졌고, 이제는 옛이야기가 되고 말았다. 그만큼 동대문 이문의 가치가 높아졌다는 의미다.

동대문구 휘경동 243번지 일대 휘경1구역은 1호선, 경의중앙선, 경춘선 환승역인 회기역 역세권에 동북권 교통의 중심지인 청량리역과도 가까워서 교통환경이 좋다. 2016년 관리처분계획인가를 마치고, 최고 20층, 298세대 휘경해모로프레스티지가 2020년에 입주를 했다.

동대문구 휘경동 128-12번지 일대 휘경2구역은 사업 진행 속도가 가장 빨라서 2019년 최고 29층, 900세대인 휘경SK뷰가 입주를 완료했다. 1호선 외대역 역세권에 중랑천도 바로 인접해서 생활환경도 좋다. 동부간선도로 지하화에 따른 공원화와 중랑천 생태하천 복원사업으로 수혜를 받을 것이다.

동대문구 휘경동 172번지 일대 휘경3구역은 이문을 제외하고는 휘경에서 가장 규모가 크다. 최고 35층, 1,792세대의 GS자이로 건축될 예정이다. 관리처분계획인가를 받고 이주를 완료해 착공에 들어갔다. 2024년에 입주할 예정이다.

동대문에 이문과 휘경만 있다고 생각하면 섭섭하다. 이문과 휘경보다 입지가 우수한 전농답십리뉴타운과 청량리재정비촉진지구, 용두재개발 등 재개발 꽃밭이 기다리고 있기 때문이다. 래미안아름숲(전농6구역)은 2012년, 래미안크레시티(전농7구역)는 2013년에 이미 입주해서 자리를 잡았고, 전농11구역인 동대문롯데캐슬노블레스는 2018년에 입주를 완료했다.

래미안크레시티와 인접한 전농8구역은 조합설립총회 완료 후 사업을 추진하고 있는데, 2020년 일몰해제 연장신청이 승인되어서 2년 내 조합 설립을 목표로 달리고 있다. 입지가 좋고 건립세대도 1,800세대로 예상되어서 사업성도 좋다는 평가다. 다만 대지지분이 큰 소유주들이 많고 다가구로 임대수익을 얻으려는 조합원들도

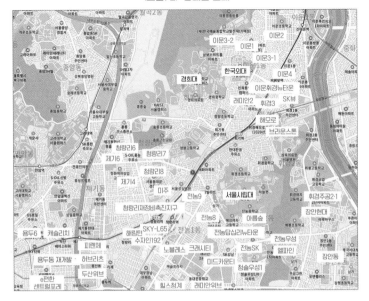

<그림72> 동대문 일대

있어서 이해관계가 복잡하다. 그리고 공공재개발 이야기도 나오고 있으므로 지켜봐야 할 것 같다.

청량리역이 가까운 전농9구역은 추진위 승인을 받고 구역지정 준비 중이었는데, 2021년 3월 공공재개발 2차 후보지로 선정되어 1,107세대로 건립 추진될 예정이다. 공공재개발이 성공적으로 순항을 할 수 있을는지 정치적인 변수도 많아서 장기적인 관점에서 접근할 필요가 있다. 전농10구역은 아쉽게도 구역해제가 되었다.

전농과 한 식구인 답십리는 전농 남쪽에 위치한다. 두산위브(답십리13구역), 답십리파크자이(답십리14구역), 래미안위브(답십리16구역), 래미안미드카운티(답십리18구역)는 이미 개발이 되어서 입주를 완료했다.

파크자이 아래에 있는 답십리17구역은 2007년 정비구역 지정 후 글로벌 금융위기 여파로 기존 시공사가 사업을 포기하면서 난항을 겪었다. 그러다가 2011년 SH가 사업시행자로 지정되었다. 지금 생각해보면 공공재개발 원조가 아닐까 싶기도 하다. 총 326세대, 2023년 건립을 목표로 2016년 사업시행계획인가를 받았고, 2020년 관리처분계획인가를 받음으로써 큰 산은 다 넘었다. 2023년 하반기 입주를 목표로 속도를 내고 있다.

청량리 일대는 동대문의 혁신을 이끄는 중심이다. 1호선, 분당선, 경의중앙선, 경춘선, KTX강릉선 등 교통의 요지인 청량리역에 향후 GTX-C 노선(수원-덕정)이 연결되면 강남 접근성이 크게 개선될 것이다. 이는 여러 노선들이 교차하는데도 강남 접근성이 어려웠던 청량리의 고질적인 문제점이 단번에 해결되는 셈이다. 송도에서 마석까지 연결되는 GTX-B 노선도 속도를 내고 있고, 2028년까지 목동-청량리를 잇는 강북횡단 경전철 계획도 있으므로 강북교통의 핵심 지역은 앞으로 청량리가 될 것이다.

청량리재정비촉진지구 사업에서 스타트를 먼저 끊은 구역은 청량리3구역을 재개발한 청량리역해링턴플레이스와 4구역을 재개발한 청량리역롯데캐슬SKY-L65다. 동부청과시장을 재개발한 한양수자인192도 성공적으로 분양을 마쳐서 2023년 입주를 목표로 하

<그림73> 롯데캐슬 SKY-L65 조감도

<그림73> 롯데캐슬 SKY-L65 조감도

출처: 롯데건설

고 있다. 다른 재개발 구역과 달리, 3구역과 4구역은 상업지역 용적률 1천%를 적용받아서 사업성을 높였다. 그래서 용적률이 210%로 높아 사업성이 잘 나오지 않는 청량리 미주아파트 조합은 준주거지역 용적률 500% 종상향을 요구하고 있으나 서울시는 난색을 표하면서 재건축에 속도를 내지 못하고 있다.

청량리6구역과 8구역은 조합설립인가를 받아 재개발사업을 진행 중이며 청량리7구역은 2020년 관리처분계획인가를 받으면서 2024년 입주를 목표로 달리고 있다.

제기동 재개발은 빠른 속도를 내지 못하고 있다. 제기5구역은 구역해제가 되었다. 제기4구역은 관리처분인가를 받고 이주 철거 중 조합설립인가 취소 판결이 나면서 표류하다가 2019년 사업시행계획인가를 받으면서 불확실성을 제거했다. 관리처분계획인가를 목표로 사업을 진행하고 있다.

제기6구역은 2021년 사업시행계획인가를 받으면서 큰 산을 넘었다. 2024년 입주를 목표로 총 423세대 규모의 사업이 진행되고 있다.

입지적으로 가장 좋다는 평가를 받는 곳이 용두동 재개발 지역이다. 골드라인인 지하철 2호선 이용이 편리하고 남쪽으로는 왕십리뉴타운으로 연결되며 청계천까지 이용할 수 있는 곳이다. 용두3구역은 구역해제가 되었고 1구역(래미안허브리츠), 2구역(용두두산위브), 4구역(용두롯데캐슬리치), 용두5지구(롯데캐슬피렌체)는 이미 입주가 완료되었다.

용두5구역 역시 속도를 내면서 2021년 823세대 e편한세상청계센트럴포레가 입주를 했다. 용두6구역은 삼성물산 래미안이 시공을 맡아 총 1,048세대 아파트로 2022년에 입주할 예정이다.

동대문은 현재보다 미래가치가 가장 기대되는 지역이다. 대규모 재개발 사업을 통해 낙후된 주거환경이 천지개벽할 것이다.

<표74> 동대문 일대의 주요 아파트

지역	동	아파트	입주연도	세대 수	비고
동대문	이문	이문1구역	2022년	2,904	재개발 진행
		이문2구역			구역해제
		이문대림	2022년 예정	4,285	재개발(이문3)
		이문4구역		3,572	재개발 진행
		이문삼성래미안1차	2001년	379	
		이문래미안2차	2004년	648	
	휘경	휘경해모로프레스티지	2020년	299	재개발(휘경1)
		휘경SK뷰	2019년	900	재개발(휘경2)
		휘경3구역	2024년 예정	1,792	재개발 진행
		브라운스톤휘경	2013년	451	
		주공1단지	2001년	1,224	
		주공2단지	2001년	800	
		래미안아름숲	2012년	719	전농6
		래미안크레시티	2013년	2,397	전농7
		전농8구역			재개발추진 중
		전농9구역			재개발 추진 중
		동대문롯데캐슬노블레스	2018년	584	전농11
		전농SK	2000년	1,830	
		전농우성	1992년	1,234	
		두산위브	2007년	516	답십리13
		답십리파크자이	2019년	802	답십리14
		래미안위브	2014년	2,652	답십리16
		답십리17	2023년	326	재개발 진행
		래미안미드카운티	2018년	1,009	답십리18
		답십리청솔우성	2000년	1,542	
		래미안엘파인	2011년	472	
		힐스테이트청계	2018년	764	
	장안	장안현대	1984년	456	용적률 184%
	청량리	미주	1978년	1,089	용적률 210%
		청량리역해링턴플레이스	2023년 예정	220	청량리3
		롯데캐슬SKY-L65	2023년 예정	1,425	청량리4
		청량리6구역		1,260	재개발 진행
		청량리7구역	2024년 예정	761	재개발 진행
		청량리8구역		676	재개발 진행
		한양수자인192	2023년 예정	1,152	동부청과시장

동대문	제기	제기4구역		909	재개발 진행
		제기6구역	2024년 예정	377	재개발 진행
	용두	래미안허브리츠	2011년	844	용두1
		용두두산위브	2009년	433	용두2
		롯데캐슬피렌체	2009년	435	용두5지구
		용두롯데캐슬리치	2015년	311	용두4
		e편한세상청계센트럴포레	2021년	823	용두5
		용두6구역	2022년	1,048	재개발 중

07

서북부의 신흥 강자,
가재울과 수색·증산

서북부의 낙후 지역인 가재울과 수색·증산이 뉴타운 개발로 거듭나고 있다.
상암과 함께 DMC의 축인 가재울과 수색증산뉴타운의 미래가 더욱 기대된다.

 필자는 서울의 여러 지역 중에서 가재울이라는 이름을 좋아한
다. 서대문구 북가좌동에 있는 가재울은 '가재가 있고 산이 둘러싸
여 있다'고 해서 유래된 이름이라고 한다. 지금은 맑은 물에서 사
는 가재를 찾아보기가 어렵다. 미세먼지가 갈수록 심각해지는 시
대에서 이렇게 친환경적인 자연이 참으로 그립다.

 서대문구 가재울뉴타운은 길 하나를 사이에 두고 마포 상암지구
와 은평구 수색증산뉴타운을 마주 보고 있다. 좋은 입지임에도 불
구하고 서울 서북부의 낙후된 지역이라는 이미지가 오랫동안 새겨
져 있었다. 지금이야 경의중앙선도 있고 새 아파트 단지들이 즐비
하지만, 2000년 이전까지만 해도 이 일대를 가보면 '서울이 맞나'

〈그림75〉 가재울4구역을 재개발한 DMC파크뷰자이

싶을 정도로 노후된 지역이었다.

최근 명지대에 볼일이 있어서 가좌역에서 내려 걸어 올라간 적
이 있었다. 그때 신도시급 계획도시의 모습을 보고는 깜짝 놀랐다.
이전의 모습은 전혀 찾아볼 수 없었고 재개발 아파트 공사가 한창
진행 중이었다.

가재울의 변신은 2002년 월드컵을 기점으로, 난지도가 상암
DMC로 개발되면서부터다. 상암DMC의 부족한 주거공간 문제를
해결하고자 가재울과 수색증산뉴타운이 개발되었다. 2003년에 시
작된 가재울뉴타운은 서대문구 북가좌동과 남가좌동 일대 107만
5,672m²(약 32만 평) 면적에 2만 세대에 가까운 주거단지를 목표로
개발되었고, 1만 2천 세대 정도가 입주했거나 현재까지 공사가 진
행되고 있다.

2009년 가재울1구역을 재개발한 DMC아이파크를 시작으로

2010년 DMC센트레빌(가재울2구역), 2012년 3,293세대의 DMC래미
안e편한세상(가재울3구역), 2015년 4,300세대의 DMC파크뷰자이(가
재울4구역)가 속속 입주하면서 뉴타운의 면모를 갖추었다.

가재울사거리에서 명지대로 가는 거북골로를 따라 가재울6구
역을 재개발해 2019년 12월 입주한 DMC에코자이, 가재울5구역을
재개발해서 2020년 2월 입주한 래미안루센티아까지 입주가 완료
되면서 미니 신도시 라인이 멋지게 만들어졌다.

가재울뉴타운은 아니지만 DMC래미안클라시스(남가좌7구역), 래
미안남가좌2차(남가좌8구역), DMC2차아이파크(남가좌1구역 재건축)
등도 시너지 효과를 내고 있다. 하지만 경의중앙선 가좌역 3·4번
출구로 나오면 모래내시장과 서중시장 일대에 노후 지역이 남아
있다. 그래서 미니 신도시에 옥에 티가 되고 있지만 아쉬워할 필요
는 없다. 가재울8구역과 9구역에 재개발이 진행 중이기 때문이다.

남가좌동 289-54번지 일대 가재울8구역은 283세대 규모로 개발
될 예정이다. 2018년 현대산업개발이 시공사로 선정되면서 가좌역
아이파크라는 새로운 이름을 얻었다. 2019년 관리처분계획인가를
받았지만 사업 진행이 뜸하더니 2021년 3월 사업시행계획변경인
가 고시가 되었다. 아무래도 시간이 더 필요한 모양이다. 그래도 시
간이 해결해줄 문제일 뿐, 가재울8구역은 2025년이면 경의중앙선
가좌역 역세권의 새 아파트로 거듭날 것이다.

서대문구 남가좌동 290번지 일대 가재울9구역을 재개발하는

〈그림76〉 가재울과 수색증산뉴타운 일대

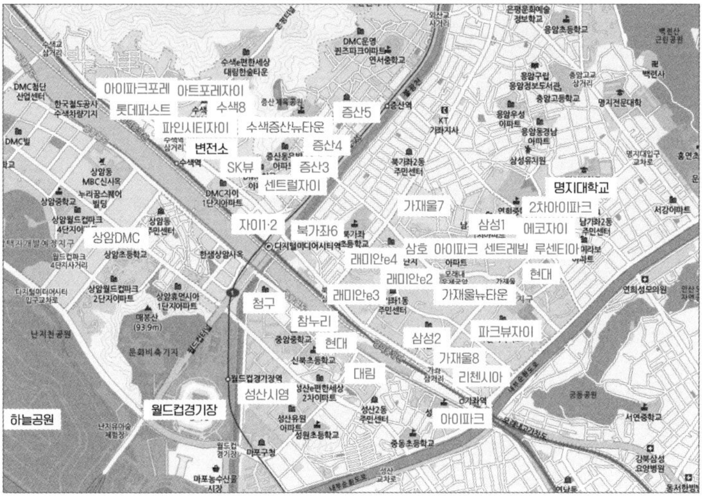

　DMC금호리첸시아는 2019년 11월에 일반분양이 있었다. 평균 73 대 1이라는 경쟁률을 기록할 정도로 인기를 끌었다. 2022년에 450세대로 입주할 예정이다.

　DMC아이파크(가재울1구역) 북쪽에 위치한 가재울7구역은 북가좌동 80번지 일대 7만 8,640m²에 1,563세대로 계획되어 있으며 현재 조합설립인가 준비 중이다. 이는 아직 넘어야 할 산이 많다는 뜻이다.

　상암과 마주 보고 가재울과 불광천을 낀 은평구 수색증산뉴타운도 DMC타운 완성의 중요한 지역이다. 강북 최대의 재개발 사업지역 중 하나인 수색증산뉴타운도 사업에 속도를 내고 있다. 이곳은 2017~2019년 부동산 시장 분위기와 강남 재건축 규제의 틈새 시장으로 관심이 높아지면서 타 지역 못지않은 가격 상승률을 기록했다.

수색동 341번지 일대 수색13구역은 2018년 관리처분인가를 받았다가 2019년 변경인가를 받아서 1,464세대 대단지 아파트로 건설되고 있다. 현대산업개발과 SK건설 컨소시엄이 시공을 맡았고 DMCSK뷰아이파크포레라는 이름으로 2022년 입주 예정이다.

수색증산뉴타운은 수색13구역뿐만 아니라 증산2구역과 수색 4·6·7·9구역이 관리처분을 받아 공사하고 있을 정도로 개발 진행 속도가 빠르다. 수색4구역은 수색13구역과 인접하고 경의중앙선 수색역 접근성이 좋다. 이곳을 재개발한 1,192세대 DMC롯데캐슬 퍼스트는 2020년에 입주를 완료했다. 수색9구역을 재개발한 753세대 DMCSK뷰는 2021년에 입주를 완료했는데, 수색역뿐만 아니라 6호선, 공항철도, 경의중앙선 트리플역세권인 디지털미디어시티역 접근성이 좋아서 인기가 높다.

증산2구역을 재개발한 DMC센트럴자이는 2022년 입주 예정으로 2021년에 입주한 DMCSK뷰(수색9구역)보다 역 접근성이 좋다. 이뿐만 아니라 1,388세대의 대단지, GS건설의 브랜드 등 수색·증산의 랜드마크 아파트로 손색이 없다.

수색6구역(DMC파인시티자이)과 수색7구역(DMC아트포레자이)은 수색9구역(DMCSK뷰)이나 증산2구역(DMC센트럴자이)보다 입지가 조금 아쉽지만 개발 속도가 빨라서 2023년에는 입주가 가능할 것으로 보인다.

증산5구역은 2013년 사업시행인가를 받고도 침체된 부동산 시장 때문에 수년간 지지부진했다. 그런데 1,704세대로 사업시행변경인가승인을 받은 후 탄력을 받고 있다. 수색8구역(578세대)도 사업시행계획인가를 받으면서 속도를 내고 있다. 수색8구역과 증산5구역은 타 구역에 비해서는 다소 진행 속도가 늦지만, 그래도 큰 문제없이 따라가고 있으니 크게 걱정할 필요는 없다. 수색14구역과 증산4구역은 2021년 2·4대책에서 발표된 공공주도 복합고밀개발의 선도사업에 지정되면서 개발 가능성이 높아지고 있다.

수색증산뉴타운 각 구역들이 속도를 내고 있으므로 2020년 중반이 되면 수색증산뉴타운은 10개 단지, 1만 3천 세대 신도시급으로 거듭나면서 DMC타운의 화룡점정을 찍을 것이다. 게다가 수색역 일대 차량기지 이전 부지에 업무·상업·문화 복합단지가 조성될 예정이다. 기피시설인 수색변전소도 개발이 추진되어서 2026년에는 아파트, 오피스텔, 문화센터 등이 건립될 예정이다.

서대문구 가재울과 은평구 수색·증산은 행정구역이 다르지만 마포구 상암지구를 중심으로 DMC타운의 시너지를 내면서 동반 성장하는 지역이다. 10년 이후 미래가치가 기대되는 지역이 바로 DMC타운 수색·증산과 가재울이다.

마포 구도심인 마포 성산과 중동 지역 아파트도 DMC타운의 간

접적인 영향을 받을 수 있다. 특히 1986년에 입주한 3,710세대의 성산시영은 용적률이 148%로 낮아서 시간이 지날수록 재건축 기대감이 높아지고 있다.

오랜 시간이 걸리겠지만 성산시영이 고층 아파트로 재건축되면 한강, 하늘공원, 평화의 공원 조망이 확보되는 멋진 아파트가 될 것이다.

<표77> 가재울과 수색·증산 일대의 주요 아파트

지역	동	아파트	입주연도	세대 수	비고
서대문	북가좌	DMC아이파크	2009년	362	재개발(가재울1)
		DMC래미안e편한세상	2012년	3,293	재개발(가재울3)
		가재울7구역		1,563	재개발 추진
		북가좌6구역		1,941	재건축 진행
	남가좌	DMC센트레빌	2010년	473	재개발(가재울2)
		DMC파크뷰자이	2015년	4,300	재개발(가재울4)
		래미안루센티아	2020년	997	재개발(가재울5)
		DMC에코자이	2019년	1,047	재개발(가재울6)
		가재울8구역	2025년 예정	283	재개발 진행
		DMC금호리첸시아	2022년 예정	450	재개발(가재울9)
		DMC2차아이파크	2018년	1,061	재건축(남가좌1)
		DMC래미안클라시스	2000년	1,114	재개발(남가좌7)
		래미안남가좌2차	2005년	503	재개발(남가좌8)
은평	수색	DMC롯데캐슬더퍼스트	2020년	1,192	재개발(수색4)
		DMC파인시티자이	2023년 예정	1,223	재개발(수색6)
		DMC아트포레자이	2023년 예정	672	재개발(수색7)
		수색8구역		578	재개발 진행
		DMCSK뷰	2021년	753	재개발(수색9)
		DMCSK뷰아이파크포레	2023년 예정	1,464	재개발(수색13)
		수색14구역		944	공공복합개발
		DMC자이1단지	2009년	209	
	증산	DMC센트럴자이	2022년 예정	1,388	재개발(증산2)
		증산4구역		4,139	공공복합개발
		증산5구역		1,704	재개발 진행
		DMC자이2단지	2009년	115	
마포	성산	성산시영	1986년	3,710	용적률 148%
	중동	월드컵참누리	2006년	499	

08

북부의 대치,
중계

강남에 대치, 서남권에 목동이 있다면 북부에는 중계동이 있다.
정시 확대 교육제도 개편으로 우수한 교육환경을 지닌 중계동의 미래가치는 밝다.

강남에 대치가 있다면 강북에는 중계가 있다. 노원구 중계동 은
행사거리에는 최고의 학원가가 형성되어 있다. 중계는 대치나 목
동을 넘을 수는 없다. 그러나 강북 최고의 학군과 학원가가 있어서
교육환경 면에서 우수하다. 그런데 집값은 상대적으로 저렴하다.
강남 대비 20~30% 수준인 집값에 비해 교육환경이 70~80% 수준
이라면, 말 그대로 가성비는 중계동이 한 수 위다.

만약 1970년대에 강남 개발을 하지 않았다면 중계동이 대치동과
같은 명성을 얻었을 수도 있지 않았을까 하는 생각도 해본다. 그도
그럴 것이 강남 개발로 강북의 수요를 이전하지 않았다면 강북의
명문 고등학교가 이전되지도 않았을 것이다. 그리고 4대문 내의 주

〈그림78〉 중계동 은행사거리 학원가

택부족 문제를 해결하기 위해 노원구 일대의 중계동, 상계동을 강
남처럼 개발했다면 중계동 학원가가 서울 최고의 교육메카가 되지
않았을까?

1970년대 과밀한 강북 도심 인구를 분산시키고자 강남과 여의도
를 개발했지만, 밀려드는 수요 때문에 서울의 주택부족 문제와 도
심집중 문제는 해결되지 않았다. 결국 1980년대 후반부터 양천 목
동, 노원 중계와 상계, 강서 가양지구 등 새로운 택지가 개발되었
다. 그 덕분에 자타가 인정하는 교육 1번지인 대치 다음으로 목동
이 교육 2번지, 중계동이 교육 3번지가 되었다.

중계동 학원가인 은행사거리에는 중계주공5단지와 라이프·청
구·신동아, 중계청구3차, 건영3차, 동진신안, 중계주공6단지를 끼
고서 십자가 모양으로 학원가가 형성되어 있다.

2000년대에 들어 사교육 열풍이 본격적으로 불면서 은행사거리 부근에 유명 학원들이 속속 들어왔다. 이렇게 형성된 중계동 은행 사거리 학원가는 강북을 대표하는 학원가가 되었고, 중계동, 상계동, 하계동을 비롯해 강북구, 도봉구의 학생들까지 흡수했다.

양천구뿐만 아니라 강서, 영등포, 구로 등 서남권 수요를 흡수하는 목동에 비해 흡수할 수 있는 수요층 범위가 상대적으로 약하지만, 강북에서는 중계동의 교육환경을 넘을 곳이 없다.

학원가만으로 명품 교육환경이 될 수는 없다. 학군도 그만큼 따라야 하는데, 중계동 학군은 이름값을 한다. 중계동의 대표적인 일반고등학교는 서라벌고, 재현고, 창원고, 대진고다. 최근에는 우수한 학생들을 특목고에 빼앗기면서 일반고등학교가 약세이지만, 그럼에도 중계동 일반고등학교 학생들이 우수한 입시 성과를 낸다는 것은 대단한 일이다. 영재반을 운영해서 상위권을 특별 관리하는 등 적극적으로 지원하는 것이 성과의 원동력이라 생각한다. 특히 문재인 정부에서 특목고보다는 일반고, 수시보다는 정시 확대에 무게를 실으면서 교육환경이 좋은 대치동, 목동, 중계동을 선호하는 수요가 더 늘어나고 있다.

많은 사람들이 정시를 확대하면 일반 학생들이 더 유리하고, 공정한 대입 기회를 잡을 것이라 생각한다. 하지만 사실 정시가 확대되면 대치, 목동, 중계 등 우수한 교육환경을 활용하는 지역의 학생들이 절대적으로 유리하다. 정시 확대로 교육정책의 방향이 전환

<그림79> 중계동 일대의 아파트

된 만큼 교육환경이 좋은 지역을 선호하는 수요는 증가할 것이고, 중계동의 미래가치는 더 올라갈 것이다.

목동, 분당에 비해 다소 약하다는 평가를 받기도 하지만 상대적인 비교일 뿐 중계동에 소재한 중학교도 좋다. 노원 중계동에서는 학원가와 가까운 을지중, 불암중, 중계중의 학업성취도가 좋은 편이다. 상계동에서는 신상중(노원역 인근), 상경중(미들역 인근), 청원중(미들역 인근), 공릉동에서는 태랑중(서울여대 인근) 등의 중학교가 좋은 평가를 받고 있다.

"중계동 학원가 근처로 이사를 갈까요, 아님 강남이나 목동으로 이사를 갈까요?"라고 질문하는 사람들이 있다. 자녀가 상위 1% 수준으로 공부를 잘하고 최고 수준의 학원 수업이 필요하다면 대치나 목동으로 이사를 가도 좋다. 하지만 학원 수업을 제대로 따라가지 못하거나 상위권이 아니라면 무리해서 이사를 갈 필요는 없다. 공부는 학생 스스로 하는 것이고 좋은 교육환경이 모든 해결책이 될 수는 없기 때문이다.

예전에 어느 학원 원장님이 이런 말을 한 적이 있다. "학원 학생의 약 80%는 학원 선생님 주머니를 채워주는 고마운 고객이다"라고 말이다. 예전에 방송인 조영구 씨와 함께 목동 학원가를 배경으로 방송을 한 적이 있었다. 그런데 촬영진 중에서 한 분이 자신의 이야기를 털어놓았다. 아이가 광명에서 꽤 공부를 잘하는 편이라 교육환경이 좋은 목동으로 이사를 갔다고 했다. 넉넉하지 않은 가정형편임에도 자녀 교육을 위해 목동으로 이사를 간 것이다.

하지만 현실은 어땠을까? 첫 시험을 보았는데, 시험문제를 이해하기조차 어려웠다고 했다. 이후 아이는 자신감이 떨어지고 교우관계도 힘들어 했기에 "차라리 이사를 가지 않았더라면 더 좋았을 것 같다"라며 후회했다. 진정으로 자녀가 원하고 자녀한테 맞는 교육환경을 위해서 이사를 가는 것인지, 좋은 학원에 보내주었으니 난 자녀를 위해 최선을 다했다고 생각하는 자기만족은 아닌지를 한 번쯤은 생각해봐야 한다.

중계동에서는 학원가가 가깝고 중·고등학교 학군이 좋은 아파트가 인기가 높다. 중계청구3차(을지중과 학원가), 중계건영3차(청암고와 학원가), 중계주공5단지(중계중과 학원가), 중계롯데우성(불암중과 학원가), 중계주공8단지(서라벌고, 불암중), 중계주공6단지와 동진신안, 중계주공4단지와 현대2단지, 하계현대2차, 건영2차 등의 선호도가 높은 편이다. 중계그린과 중계무지개는 비교적 저렴한 매매가격임에도 교육과 교통이 좋아서 전세를 끼고 투자를 하는 갭투자 수요가 많이 유입되었다.

교육환경은 우수하지만 아파트의 노후화는 중계동의 단점이다. 상계지구와 함께 1980년대 말에 개발되어 1990년대 초반에 입주했으니 그럴 만도 하다. 그럼에도 조립식으로 지어져서 재건축이 빠른 상계8단지를 제외하고는 재건축을 기대하기에 무리가 있다. 재건축 허용연한이 된다고 해도 곧바로 재건축이 진행되지는 않을 것이다. 다만 장기적인 투자가 가능한 사람이라면 중계주공4~8단지, 청구3차, 중계그린, 중계무지개 등 용적률 200% 이하인 아파트를 선택하는 것이 좋겠다.

교육정책이 정시 확대로 개편되면서 교육환경이 우수한 지역을 원하는 수요가 더욱 늘어나고 있다. 그만큼 중계동의 미래가치는 밝다.

<표80> 중계 일대의 아파트

지역	동	아파트	입주연도	세대 수	비고
노원	중계	건영2차	1991년	742	용적률 242%
		건영3차	1995년	948	용적률 217%
		청구3차	1996년	780	용적률 196%
		양지대림	1998년	508	용적률 323%
		라이프·청구·신동아	1993년	960	용적률 215%
		동진신안	1993년	468	용적률 218%
		대림벽산	1993년	400	용적률 224%
		현대2차	1991년	313	용적률 252%
		중계주공4단지	1991년	690	용적률 187%
		중계주공5단지	1992년	2,328	용적률 182%
		중계주공6단지	1993년	600	용적률 164%
		중계주공8단지	1993년	696	용적률 191%
		롯데우성	1993년	568	용적률 208%
		중계그린	1990년	3,481	용적률 191%
		중계무지개	1991년	2,433	용적률 193%
	하계	하계현대	1997년	730	용적률 252%

09

북부의 미래,
창동과 상계

창동과 상계는 서울의 대표적인 서민 주거지역이었지만 미래는 다를 것이다.
각종 개발호재와 재건축까지, 앞으로가 더 기대되는 지역이다.

2006년 한 모임에서 상계동에 거주하는 한 사람이 신세 한탄을 했다. "이놈의 저주받은 동네. 강남 아파트는 그렇다치고 평촌이랑 용인도 오르는데, 왜 서울인 상계동은 오르지 않는지…. 참으로 버림받은 동네다."

그도 그럴 것이 당시 강남 3구와 목동, 분당, 평촌, 용인의 중대형 아파트 가격은 하늘을 뚫을 기세로 올랐다. 그런데 노원구 상계동은 조용했다. 그러다가 2년이 지난 2008년부터 강북의 소형 아파트를 중심으로 반란이 시작되었다. '저주받고 버림받은' 동네였던 상계동을 비롯해서 강북 지역의 소형 아파트 가격이 급등했기 때문이다.

상계동의 바람은 2021년에도 진행 중이다. 2020년부터 아파트 가격 상승률이 강남을 넘어서고 있다. 게다가 오세훈 서울시장이 재건축이 기대되는 단지들의 안전진단을 빨리 할 수 있도록 지원하겠다는 말을 하면서 상계동 아파트들은 날개를 달았다.

2021년 4월 상계주공6단지가 1차 안전진단을 D등급으로 조건부 승인이 되면서 기대감은 한층 높아졌다. 그런데 지나친 흥분을 가라앉힐 필요가 있다. 2차 안전진단은 국토교통부가 권한을 가지고 있는데, 2018년 강화된 재건축 안전진단을 완화해줄 의사가 없기 때문이다.

목동9단지와 11단지도 2020년 1차 안전진단을 통과하면서 탄탄대로를 달릴 것 같았지만, 2차 안전진단 결과는 불합격이었다. 재건축 기대감이 높아지고 개발호재도 있지만, 부동산 시장 분위기에 편승한 지나친 기대보다는 차분하게 기다려야 한다.

노원구는 송파구, 강서구에 이어 서울에서 인구가 많은 지역 중 하나다. 상계동, 중계동, 월계동, 공릉동 등 대규모 소형 아파트 단지들이 밀집해 있다. 그중 중계동은 은행사거리 학원가를 중심으로 학군과 교육 수요의 뒷받침에 힘입어서 '노원구의 강남'으로 자리를 잡았다. 아파트 가격 역시 노원구에서는 현재까지 강세다.

상계동은 우수하다고 평가를 받는 신상중, 상경중, 청원중이 있고 중계동 학원가도 이용할 수 있어서 교육환경이 좋다. 그러나 중계동보다 북쪽에 위치하고 교육환경, 입주연도 차이 때문에 중계동을 따라가는 입장이었다. 하지만 시간이 지날수록 재건축 기대감이 높아지면서 상계동의 미래가치는 더 높아지고 있다.

서울 2030도시기본계획에 따르면, 도봉구 창동과 노원구 상계는 잠실, 용산, 상암·수색, 마곡, 가산·대림, 청량리·왕십리와 더불어 서울의 7개 광역중심 중 하나로 자리 잡고 있다. 이는 서울 서북부 지역의 중심이자 향후 성장 가능성이 높다는 의미이기도 하다.

창동과 상계는 현재보다 미래를 보고 접근할 필요가 있다. 지하철 7호선과 4호선이 연결되어 있지만 부족한 교통환경은 노원구의 단점이었다. 강남은 고사하고 용산까지 가는 일도 만만치 않다. 그러나 교통문제는 시간이 해결해줄 것이다. 수원에서 강남을 지나 양주까지 연결되는 광역급행철도 GTX-C 노선이 창동에 연결되기 때문이다.

창동역 개발은 도봉구 창동뿐만 아니라 노원구 상계동도 직접적인 영향권이므로 대형 호재다. GTX가 개통되면 강남까지 20분 내로 돌파할 수 있어서 교통의 단점을 단숨에 역전시키기 때문이다. 또한 왕십리에서 상계까지 연결되는 경전철 동북선이 2025년에 개통될 예정이어서 교통환경이 더욱 좋아질 것으로 기대된다.

창동과 상계 지역은 교통문제뿐만 아니라 비즈니스 업무시설이 부족하다. 그래서 '출퇴근용 지역인 베드타운'이라는 치명적인 단점이 있다. 베드타운의 특성상 출퇴근 시간에 차량이 몰리므로 교통체증이 심각하다. 따라서 베드타운의 고질적인 문제를 해결하지 않으면 창동과 상계의 미래는 어둡다.

이러한 문제를 잘 알고 있는 서울시와 노원구는 창동-상계 신경제중심지조성 기본구상을 통해서 베드타운의 문제점을 해결하고자 한다. 창동-상계 신경제중심지조성 기본구상의 핵심 내용은 부족한 업무시설을 확대하는 것이다. 동부간선도로 구간을 지하화하고 창동차량기지 이전 부지를 대규모 상업·업무·문화·여가시설인 글로벌비즈니스존으로, 그 옆 도봉자동차 면허시험장을 상업도심 지원시설로 개발할 계획이다. 그리고 창동역과 노원역 라인을 복합환승거점존, 스타트업존, 글로벌라이프존 등으로 개발할 예정이다.

물론 계획처럼 개발이 될지는 지켜봐야 한다. 긴 시간이 필요하겠지만 가능성이 있으므로 기대할 만하다. GTX는 문재인 정부에서 3기신도시 개발과 연계된 중요한 프로젝트다. 그렇기 때문에 조기에 착공될 가능성이 높다. 따라서 지금보다는 미래의 모습이 기대되는 곳이 창동·상계 지역이다.

1980년대 후반 서민 주거안정을 위한 주거단지로 개발된 상계동은 상계주공1단지에서 16단지를 주축으로 아파트가 형성되어 있다. 상계주공은 2000년대 후반부터 가격이 갭 메우기식 상승을 반복하고 있다. 그럼에도 여전히 서울 중심 지역에 비해 저렴한, 북부권 소형 아파트라는 이미지가 강하다. 그런데 최근 재건축 허용연한이 되면서 재건축 기대감이 높은 아파트로 인정받고 있다.

조립식으로 지어져서 재건축이 빨리 진행된 상계주공8단지는

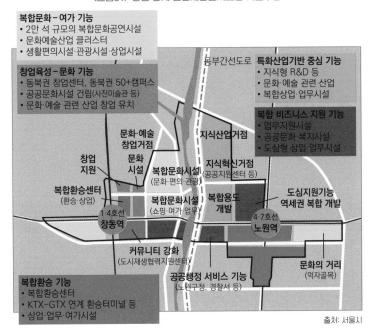

<그림81> 창동·상계 신경제중심지조성 기본구상

복합문화 - 여가 기능
• 2만 석 규모의 복합문화공연시설
• 문화예술산업 클러스터
• 생활편의시설·관광시설·상업시설

창업육성 - 문화 기능
• 동북권 창업센터, 동북권 50+캠퍼스
• 공공문화시설 건립(사진미술관 등)
• 문화·예술 관련 산업 창업 유치

동부간선도로

특화산업기반 중심 기능
• 지식형 R&D 등
• 문화·예술 관련 산업
• 복합상업·업무시설

복합 비즈니스 지원 기능
• 업무지원시설
• 공공문화·복지시설
• 도심형 상업·업무시설

지식산업거점

문화·예술
창업거점

창업
지원

문화
시설

복합환승센터
(환승·상업)

복합문화시설
(문화·편의·관광)

지식혁신거점
(공공지원센터 등)

1·4호선
창동역

복합문화시설
(쇼핑·여가·업무)

복합용도
개발

4·7호선
노원역

도심지원기능
역세권 복합 개발

커뮤니티 강화
(도시재생협력지원센터)

공공행정 서비스 기능
(노원구청, 경찰서 등)

문화의 거리
(먹자골목)

복합환승 기능
• 복합환승센터
• KTX-GTX 연계 환승터미널 등
• 상업·업무·여가시설

출처: 서울시

포레나노원이라는 이름으로 2020년에 입주했다. 저층으로 용적률
이 낮은 상계주공5단지를 제외하고는 상계주공1·2·10·11·14단지
가 용적률이 150%대로 낮은 편이다. 따라서 재건축을 추진하면 다
소 빠르게 진행될 듯하다.

입지적으로는 4호선과 7호선 노원역 더블역세권과 창동역 주변
의 개발호재 혜택을 받을 수 있는 상계주공3·5·7단지가 우위를 점
한다. 저층인 5단지를 제외하고 3단지와 7단지는 용적률도 180%
수준이어서 상계동의 랜드마크라 할 수 있다.

상계주공6단지가 먼저 1차 안전진단을 받았지만 2차 안전진단 통과를 장담할 수 없다. 그리고 오세훈 서울시장이 국토교통부, 국회, 서울시의회를 뚫고 규제 완화를 밀어붙이기에는 현실적으로 쉽지 않다. 따라서 지나친 흥분보다는 긴 호흡을 가지고 차분하게 대응하는 것이 좋다.

장기 투자자라면 용적률이 낮은 상계주공2·10·11·14단지에 투자하는 것도 괜찮다. 반면 상계주공 주변의 보람, 한양, 미도, 임광, 대림은 입주연도가 1980년대 후반이나 용적률이 200% 이상이므로 재건축 추진이 쉽지는 않을 것이니 참고하길 바란다.

상계동에도 대규모 재개발 지역인 상계뉴타운이 있다. 상계뉴타운은 3차뉴타운 지구로, 총 6개 구역이다. 상계4구역이 가장 속도가 빨라서 노원센트럴푸르지오라는 이름으로, 2020년 810세대로 입주가 완료되었다. 상계6구역은 노원롯데캐슬시그니처가 1,163세대로 2023년에 입주 예정이다.

상계1구역은 사업시행계획인가를 받아 속도를 내고 있으며 1,388세대로 계획하고 있다. 상계2구역은 2,190세대로 사업시행계획인가를 준비하고 있다. 지지부진했던 상계3구역은 2020년 3월 공공재개발 2차 후보지에 포함되면서 꺼진 불씨가 살아났다. 상계5구역은 2,237세대 건립을 목표로 조합설립인가를 받고 재개발이 진행되고 있다.

도봉구 창동에서는 창동역 주변 창동주공3단지와 19단지가 입

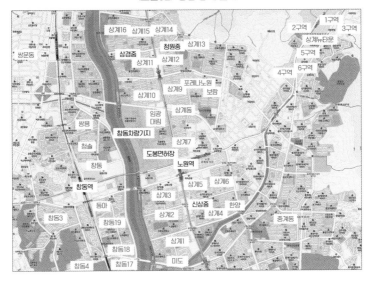

<그림82> 창동·상계 일대

주연도(재건축 허용연한), 창동역 주변 입지, 단지 규모, 비교적 낮은 용적률 등을 감안했을 때 우선순위로 꼽을 수 있다.

창동주공4단지는 녹천역 역세권에 숲세권까지 있으며 용적률도 151%로 낮다. 따라서 당장은 아니더라도 시간이 흐르면 미래가치가 높은 아파트가 될 것이다.

창동역 주변의 동아, 동아청솔, 쌍용 등은 입주연도만 보면 재건축 허용연한이 되어서 재건축 기대감을 가질 수 있지만, 용적률이 높아서 재건축이 추진되기는 쉽지 않을 것 같다. 하지만 GTX-C가 예정되어 있는 창동 역세권 개발이 본격화되면 창동 일대는 긍정적인 변화가 예상된다.

<표83> 창동·상계 일대의 주요 아파트

지역	동	아파트	입주연도	세대 수	비고
노원	상계	상계주공1단지	1988년	2,064	용적률 164%
		상계주공2단지	1987년	2,029	용적률 156%
		상계주공3단지	1987년	2,213	용적률 180%
		상계주공4단지	1988년	2,136	용적률 200%
		상계주공5단지	1987년	840	용적률 93%
		상계주공6단지	1988년	2,646	용적률 199%
		상계주공7단지	1988년	2,634	용적률 188%
		포레나노원	2020년	1,062	재건축(상계주공8)
		상계주공9단지	1988년	2,830	용적률 205%
		상계주공10단지	1988년	2,654	용적률 151%
		상계주공11단지	1988년	1,944	용적률 152%
		상계주공12단지	1988년	1,739	용적률 178%
		상계주공13단지	1989년	939	용적률 198%
		상계주공14단지	1989년	2,265	용적률 154%
		상계주공15단지			공무원 임대
		상계주공16단지	1989년	2,392	용적률 220%
		미도	1988년	600	용적률 229%
		한양	1988년	492	용적률 202%
		보람	1988년	3,315	용적률 197%
		임광	1989년	420	용적률 208%
		대림	1988년	538	용적률 210%
		상계1구역		1,388	재개발 진행
		상계2구역		2,190	재개발 진행
		상계3구역			공공재개발 추진
		노원센트럴푸르지오	2020년	810	재개발(상계4구역)
		상계5구역		2,237	재개발 진행
		노원롯데캐슬시그니처	2023년 예정	1,163	재개발(상계6구역)
도봉	창동	창동주공3단지	1990년	2,856	용적률 175%
		창동주공4단지	1991년	1,710	용적률 151%
		창동주공17단지	1989년	1,980	용적률 208%
		창동주공18-1단지	1988년	160	용적률 138%
		창동주공18-2단지	1988년	750	용적률 211%
		창동주공19단지	1988년	1,764	용적률 164%
		동아	1988년	600	용적률 212%
		동아청솔	1997년	1,981	용적률 249%

10

강남 부럽지 않은
과천

강남과 점점 차이가 벌어지고 있는 과천.
하지만 10년 후는 다르다. 강남 부럽지 않은 과천을 기대해보자.

경기도 과천시는 행정구역은 경기도이지만 지역번호는 '02'를 사용할 만큼 서울 생활권 도시다. 과천은 강남처럼 원조 계획도시다. 행정기관과 기업 등이 밀집한 서울에 인구가 집중되자 박정희 정부는 서울인구 분산정책을 추진했다. 그래서 영동개발 프로젝트 일환으로 강남이 개발되었고, 과천에는 제2정부종합청사와 1만여 세대가 넘는 과천주공단지가 개발되었다.

과천은 정말 매력이 넘치는 지역이다. 지하철 4호선과 2호선이 지나서 서울 접근이 편리하다. 그리고 서초구 우면동과 양재동이 인접할 정도로 강남에 접근하기가 좋다. 과천중, 문원중, 과천고, 과천중앙고, 과천외고 등 교육환경도 좋고 행정기관이 있어서 업

출처: 네이버

무지구 역할도 뒷받침하고 있다.

무엇보다 자연환경이 좋다. 관악산, 청계산, 우면산으로 둘러싸여 있고, 서울대공원과 서울랜드, 국립현대미술관, 경마장, 국립과천과학관 등 여가시설까지 자리 잡고 있다. 그만큼 쾌적한 생활을 누리기에 안성맞춤인 곳이다.

과천은 IMF 이전까지만 해도 강남과 비슷한 수준으로 사람들이 선호하던 지역이었다. 그런데 시간이 흘러 아파트가 노후되고 노무현 정부 시절 지방균형개발이라는 명분하에 충남 연기군 일대에 행정중심복합도시인 세종특별자치시가 개발되면서 변모했다. 과천 업무단지의 주요 중앙행정기관이 이전을 하면서 예전의 명성은 약해졌다. 한때는 과천정부청사 수요로 인해 과천 상권뿐만 아니라 안양 인덕원 지역의 상업시설까지 호황이었지만 지금은 쇠락의

길로 접어들고 있다.

하지만 이대로 죽을 과천이 아니다. 재건축 사업으로 과천주공 1~12단지의 변신이 시작된 것이다. 2007~2008년 과천주공11단지를 재건축한 래미안에코팰리스와 과천주공3단지를 재건축한 래미안슈르가 입주한 지 10년이 지나면서 그동안 지지부진했던 나머지 단지들의 재건축 속도가 빨라지고 있다.

4호선 과천역과 중앙공원, 청계초를 끼고 있어서 선호도가 높은 과천주공7-2단지가 재건축되면서 543세대의 래미안과천센트럴스위트가 2018년에 입주를 했고, 과천주공7-1단지가 재건축되면서 1,317세대 과천센트럴파크푸르지오써밋이 2020년에 입주했다.

과천역, 중앙공원, 정부종합청사에 인접한 과천푸르지오써밋(과천주공1단지)이 2020년 1,571세대로 입주를 했으며, 100세대의 과천센트레빌아스테리움(과천주공12단지)도 2020년에 입주했다. 2018년 일반분양 당시에 큰 인기를 끌었던 과천위버필드(과천주공2단지)도 2021년에 2,128세대로 입주를 완료했다. 2,099세대 과천자이(과천주공6단지)도 2021년 11월 입주를 앞두고 있다.

과천주공4단지는 2020년 9월 사업시행계획인가를 받은 후, 기존 1,110세대에서 1,437세대 아파트로 거듭날 예정이다. 과천주공 5·8·9·10단지는 재건축이 추진되고 있지만 아직은 시간이 더 필요한 상황이다.

다른 지역과 달리 과천주공1~12단지는 대부분 지하철 4호선 정

<그림85> 과천주공2단지를 재건축한 과천위버필드

부과천청사역과 과천역으로의 접근성이 좋고 학교도 고르게 배치
되어 있어서 무엇 하나 버릴 단지가 없다.

2022년 정도 되면 과천의 새 아파트 단지들이 속속 입주를 완료
할 것이다. 그러면 지금보다 더 빛나는 과천을 볼 것이다. 그럼에도
아쉬움은 있다. 과천 규모가 작다는 점이다. 과천주공1~12단지를
합친 1만여 세대 규모로는 생활 인프라와 교육환경을 구축하기에
한계가 있기 때문이다. 다만 서울과 달리 개발제한구역(그린벨트)에
알짜배기 땅이 남아 있다는 점이 과천 입장에서는 기회다.

일반적으로 새 아파트 공급물량이 늘어나면 기존 아파트 단지들
은 공급과잉의 부담이 커진다. 그러나 규모의 경제가 아쉬운 과천

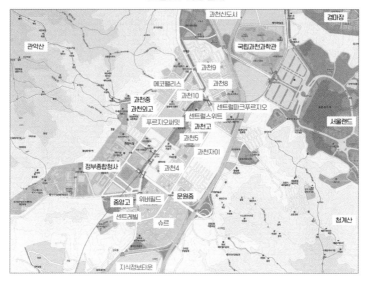

<그림86> 과천 일대

은 주변에 새 아파트 단지가 개발되면 오히려 시너지 효과가 생길 것이다.

과천주공9단지 북쪽에는 3기신도시 중 가장 인기가 높을 것으로 기대되는 과천신도시가 예정되어 있다. 155만㎡ 면적에 7천 호가 공급될 과천신도시는 2023년 이후 분양 예정이다. 비록 규모는 작지만 기존의 과천주공단지들과 함께 성장하는 데 힘을 보탤 것이다. 또한 남쪽의 지식정보타운까지 더해지면 시너지가 극대화되면서 강남 부럽지 않은 지역으로 거듭날 것이다.

지역	동	아파트	입주연도	세대 수	비고
과천	중앙	과천푸르지오써밋	2020년	1,571	재건축(과천주공1)
		과천주공10단지	1984년	632	용적률 86%
		래미안에코팰리스	2007년	659	재건축(과천주공11단지)
	원문	과천위버필드	2021년	2,128	재건축(과천주공2)
		래미안슈르	2008년	2,899	재건축(과천주공3)
	별양	과천주공4단지	2025년 예정	1,437	재개발 진행
		과천주공5단지	1983년	800	용적률 164%
		과천자이	2021년	2,099	재건축(과천주공6)
	부림	과천센트럴파크푸르지오써밋	2020년	1,317	재건축(과천주공7-1)
		래미안과천센트럴스위트	2018년	543	재건축(과천주공7-2)
		과천주공8단지	1983년	1,400	용적률 153%
		과천주공9단지	1982년	720	용적률 128%
	갈현	과천센트레빌아스테리움	2020년	100	재건축(과천주공12단지)

취득세 중과 완벽 정리!

2020년 7·10대책으로 주택에 대한 취득세 중과가 강화되었다. 기존에는 4주택 이상에 대해서만 4%의 중과세율이 적용되었지만, 7월 10일 이후 계약부터는 더욱 세분화되어 중과 기준이 적용된다.

취득세는 양도 시 양도세 필요경비에 인정되기에 팔 때 이미 낸 취득세를 공제받을 수 있지만, 양도세 비과세를 받을 수도 있고 지금 당장 내야 하는 돈인 만큼 아까운 것도 사실이다.

취득세율 중과 기준

무주택자가 주택을 취득해서 1주택이 되는 경우, 새로 취득하는 1주택의 취득세율은 기존과 동일하게 1~3%가 적용된다. 이때 문제는 2주택 이상부터다. 조정대상지역에 주택을 구입해서 2주택이

취득세 중과세율 기준표

구분	조정대상지역	비조정대상지역	비고
1주택	1~3%	1~3%	
2주택	8%	1~3%	일시적 2주택 1~3%
3주택	12%	8%	
4주택	12%	12%	
법인	12%	12%	

되는 경우 취득세율은 8%, 3주택 이상이거나 법인의 경우는 12%라는 무지막지한 중과세율이 적용된다. 취득가액이 10억 원이면 무려 1억 2천만 원을 취득세로 내야 한다. 계산 편의상 취득세율만 적용해서 그렇지, 여기에 농어촌특별세와 지방교육세까지 더하면 부담은 더 늘어난다.

비조정대상지역은 상대적으로 약한 중과가 적용된다. 2주택까지는 1~3%의 세율이 적용되고, 3주택은 8%, 4주택 이상이거나 법인은 12% 세율이 적용된다.

취득세 중과 주택 수에서 제외되는 주택

'주택 수가 얼마나 되느냐'가 중요한 절세 포인트가 된다. 양도세 중과 주택 수에 포함되느냐 안 되느냐도 복잡한데, 취득세까지 주택 수에 포함되느냐를 따져야 하니 부동산은 참 복잡하고 어렵다.

취득세 중과 주택 수 제외 주택

1) 다음의 어느 하나에 해당하는 주택

　가. 주택 수 산정일 현재 해당 주택의 시가표준액이 1억 원 이하인 기준을 충족하는 주택. 단, 도시 및 주거환경정비법에 따른 정비구역으로 지정, 고시된 지역 또는 빈집 및 소규모주택 정비에 관한 특례법 사업시행구역에 소재하는 주택은 제외한다.

　나. 노인복지주택, 공공지원 민간임대주택, 가정어린이집으로 운영하기 위해 취득하는 주택, 사원에 대한 임대용으로 직접 사용할 목적으로 취득하는 주택에 해당하는 주택으로서 주택 수 산정일 현재 해당 용도에 직접 사용하고 있는 주택

　다. 국가 등록문화재에 해당하는 주택

　라. 멸실시킬 목적으로 취득하는 주택(정당한 사유 없이 그 취득일부터 3년이 경과할 때까지 해당 주택을 멸실시키지 않은 경우는 제외)과 주택의 시공자가 주택의 공사대금으로 취득한 미분양주택(주택 취득일부터 3년 이내의 기간으로 한정)

　마. 법령이 정한 농어촌주택

2) 주거용 건물 건설업을 영위하는 자가 신축하여 보유하는 주택
다만, 자기 또는 임대계약 등 권원을 불문하고 타인이 거주한 기간이 1년 이상인 주택은 제외한다.

3) 상속을 원인으로 취득한 주택, 조합원입주권, 분양권, 오피스텔로서 상속개시일부터 5년이 지나지 않은 주택, 조합원입주권, 분양권, 오피스텔

4) 주택 수 산정일 현재 시가표준액이 1억 원 이하인 오피스텔

주택, 조합원입주권, 분양권, 오피스텔은 취득세 주택 수에서 제외된다. 공시가격 1억 원 이하인 주택과 오피스텔을 보유하고 있으면 취득세 주택 수에서 제외된다. 예를 들어 공시가격 9천만 원인 아파트 2채를 보유하고 있는 사람이 조정대상지역에서 1채를 구입하는 경우, 3주택 12%가 적용되지 않고 1~3%가 적용된다.

여기서 단서조항도 꼼꼼히 챙겨야 한다. 재건축·재개발 정비사업의 주택은 1억 원 이하여도 주택 수에 포함된다. 오피스텔의 경우 2020년 8월 12일 이후에 취득한 오피스텔 중 재산세 과세대장 기준으로 주택이라면, 그 주거용 오피스텔은 주택 수에 포함된다.

2019년에 구입한 오피스텔이 있다면 지금 구입하는 주택은 취득세 중과대상이 되지 않는다. 참고로 취득세율 기준이 그렇다는 것이지, 양도세 주택 수가 그렇다는 의미는 아니기에 주의가 필요하다.

노인복지주택, 문화재, 농어촌주택 등도 제외가 될 수 있고, 3년 내 멸실(滅失)시킬 목적으로 취득하는 주택도 제외된다. 상속으로 주택, 조합원입주권, 분양권, 오피스텔을 받는 경우에는 상속개시일부터 5년이 지나지 않으면 취득세 주택 수에서 제외된다.

그리고 배우자와 30세 미만 미혼 자녀는 세대분리를 해도 1세대로 간주된다. 만약 30세 미만 미혼 자녀라도 미성년자가 아니고 경제활동을 해서 소득이 있는 경우, 그 소득이 국민기초생활보장법 제2조 제11호에 따른 기준 중위소득의 40% 이상으로 분가하는 경우에는 별도 세대로 인정해준다.

또한 65세 이상의 직계존속(부모님과 배우자 부모님 포함)을 동거봉양하기 위해 같은 세대가 된 경우에는 각각 별도 세대로 간주된다. 부부가 공동명의인 경우에는 1개 주택으로 인정되지만, 동일세대가 아닌 지분을 소유하는 경우에는 각각 1주택을 소유한 것으로 산정된다. 예를 들어 남편 1/2, 아내 1/2 지분으로 공동명의 주택을 보유한 부부가 새로 1주택을 구입하는 경우, 공동명의 주택은 1주택으로 봐서 2주택 기준이 적용되지만, 남편 1/2, 시동생 1/2 공유지분 주택을 보유한다면 남편, 시동생 각각 1주택으로 인정된다.

한 권으로 끝내는 서울 아파트 투자지도

초판 1쇄 발행 2021년 7월 20일
초판 4쇄 발행 2021년 9월 2일

지은이 | 김인만
펴낸곳 | 원앤원북스
펴낸이 | 오운영
경영총괄 | 박종명
편집 | 최윤정 이광민 김상화
디자인 | 윤지예
마케팅 | 송만석 문준영 이지은
등록번호 | 제2018-000146호(2018년 1월 23일)
주소 | 04091 서울시 마포구 토정로 222 한국출판콘텐츠센터 319호(신수동)
전화 | (02)719-7735   팩스 | (02)719-7736
이메일 | onobooks2018@naver.com   블로그 | blog.naver.com/onobooks2018
값 | 16,000원
ISBN 979-11-7043-230-2 03320

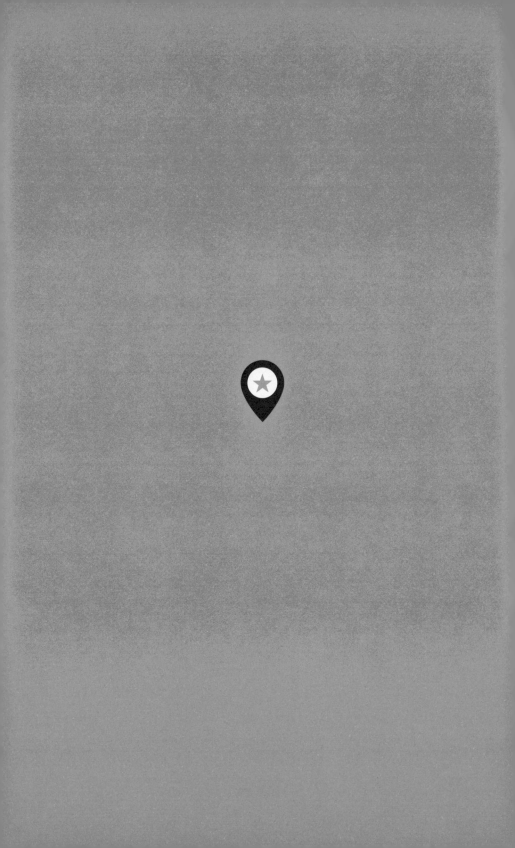